Would you Kill the fat man?

The Trolley Problem and What Your Answer Tells Us about Right and Wrong

你該殺死那個胖子嗎？

為了多數人幸福而犧牲少數人權益是對的嗎？
我們今日該如何看待道德哲學的經典難題

大衛・愛德蒙茲
David Edmonds
劉泗翰 譯

獻給

麗莎、艾塞克、索爾

（不分汽車、火車、電車，毫無保留的車迷）

「哐啷、哐啷、哐啷」，電車就要開，

「叮噹、叮噹、叮噹」，鈴鐺跟著響起，

「錚鏦、錚鏦、錚鏦」，我的心絃也撩撥起來，

從看到他的那一刻起，我就已經墜入情海。

——〈電車之歌〉(The Trolley Song)，一九四四年

休・馬丁(Hugh Martin)和勞夫・布萊恩(Ralph Blane)作詞、作曲

電影《相逢聖路易》(*Meet Me in St. Louis*)插曲

茱蒂・嘉蘭(Judy Garland)演唱

目錄

序曲 13

PART 1
哲學與電車

1 邱吉爾的難題 19
二戰期間，德軍出動殺傷力強大的復仇者飛彈「小飛蟻」砲轟倫敦，
卻沒想到落點大多在倫敦郊區，為了保護市中心，
邱吉爾不得不忍痛決定派出間諜欺騙納粹德軍……

2 生死交關的岔路 27
一輛失控電車迎面而來，眼看就要撞上被綁在鐵軌上的五個人，
此時你手上握著一個開關，輕輕轉動就能把電車轉向一條綁著一個人的岔路，
一或五，你會如何選擇？

3 開山祖師奶 35
一九四〇年代末期，女性進入哲學學術圈仍是鳳毛麟角，
但菲莉帕・芙特卻以一篇只有十四頁的文章，提出了岔路難題，
也開啟了道德哲學中的分支——電車學。

4 朗道夫伯爵的第七個兒子 59
為了拯救五個人而犧牲一個人，跟故意殺死一個人，
結果都是死了一個人，前者是不得已，但後者在直覺上就是不對的行為。
用阿奎那的雙重效果論，就可以輕易解決電車難題嗎？

5 胖子、環狀軌道與轉盤 75
這一次，你不再只是手握開關，為了解救五條人命，
你必須親手將胖子推落天橋，好阻擋失控列車。
同樣是傷一救五，為什麼你會感到遲疑？

6 定時炸彈與柯尼斯堡的賢士 89
我們應該都相信，人的基本權益在任何情況下都是神聖不可侵犯的。
但你知道眼前這個恐怖分子跟他的同夥即將要襲擊你的家園，
而他緊閉的嘴，唯有用刑求才能撬開……

PART 2

7 鋪好了通往地獄之路 111
安斯康姆有個令人稱奇的軼事。她走進一間昂貴的餐廳準備用餐，領班說：「女性不得穿長褲入場。」於是她就到洗手間脫下長褲。領班的意圖導致了意想不到的後果。

8 數字決定道德 131
別管什麼意圖不意圖了，數大便是美。幸福快樂愈多，愈正確。救的人愈多，愈好。如果誣陷一個人可以拯救五個人的生命，法官這樣判刑也是正義的嗎？

實驗與電車

9 離開安樂椅 157
你真的知道你知道的正如你相信你知道的一樣嗎？做哲學不只可以用腦袋想，更可以實際去調查。要不要殺那個胖子，男女有別，膚色信仰都會影響道德直覺。

10 就是覺得不太對勁 169
直覺很重要，但是我們能盡信自己的直覺嗎？

電車學元老卡姆耗費一生心血，打造各種撲朔離奇的電車場景，
她能夠藉此抽絲剝繭，找出到底是哪裡不對勁嗎？

11 杜德利的抉擇與道德本能 191
道德概念可能是與生俱來的嗎？有可能找到放諸四海皆準的規則嗎？
杜德利船長與船員們遭遇船難，面對生死存亡關頭，
他狠心殺死其中一人，生啖血肉，他這麼做可以被允許嗎？

PART 3

心智與大腦，還有電車

12 非理性動物 221
誰說人是理性的！
我們自以為理智，能夠自由地進行道德抉擇，但其實無時無刻都受到環境影響，
撿到一毛錢、聞到麵包香氣都可能讓你滿懷善意，做出不同選擇。

13 與神經元拔河 235
大腦中的情緒系統陪著我們經歷漫長演化，
在親手推胖子一把跟打開活門讓他掉下去，不願親自動手的情緒會占上風；
而讓士兵提著刺槍上陣肉搏，不如操縱無人機空襲敵軍來得容易接受。

PART 4

電車及其批評者

14 生化機器電車 265
或許有一天，我們都不必再為道德問題煩惱，
到藥局買兩片藥，放蕩就能變忠貞，不需互相理解也能消除歧見，
改變腦中化學物質濃度就能增強道德感，我們真的要這樣做嗎？

15 逆火街車 289
電車學已經開進無法回頭的死巷子裡了？
研究這些在現實生活中幾乎不會發生的思想實驗，到底有什麼幫助？

16 終點站 301
半個世紀以來，電車學提供了一個挑戰基本倫理問題的工具，
討論關於我們應該如何對待他人，以及該如何過日子的重要問題……

附錄 315

參考文獻與書目 327

Preface

序曲

這些例子只是信手拈來，
無意冒犯。

——菲莉帕．芙特（Philippa Foot）

本書之後將會屍橫遍野，血流成河。在本書的書頁中，只有一種動物會受苦，卻會有很多人性命不保，他們多半都是無辜的受害者，只是不幸被捲入稀奇古怪的環境中。有個體格魁梧的傢伙可能會從天橋上摔下來，不過也可能不會。

所幸，幾乎所有的死傷都是虛構的。然而，這個思想實驗本來就是用來考驗我們的道德直覺，有助於形塑我們的道德原則，因此在這個真的必須有所抉擇，也真的會有人受傷的世界中，會有一點實用的價值。在倫理學中，任何一個思想實驗的重點，都是要排除不相干的考量因素，以免在實際情況中影響到我們的判斷；但是這個實驗又必須跟實際情況有某些結構上的相似之處，才會有用，因此，在接下來的章節中，你也會看到一些真的牽扯到生死交關的實際案例。比方說，在其中客串演出的角色，包括邱吉爾（Winston Churchill）、美國第二十四任總統、一名德國綁匪，還有在十九世紀遭到指控吃人肉的水手。

思想實驗必須靠人想出來才會存在。而討論哲學的書，按理說，重點應該多半是思想，而不是人；但是思想不會憑空出現，它們是時空的產物，是教養與個性孕育出來的成果。或許，某個思想的濫觴是為了反駁其他的思想，或是反映某個時間點上的考量，又或許只是某位思想家特別關心的事情。無論如何，知識史都是一個非常有趣的主題，因此我也希望在書中加入跟本書主題有關人物的一、兩個小故事。

本書的中心罪行，也就是那個胖子之死，之所以在哲學上無法完全解決，有個很重要的原因：因為問題很複雜……真的很複雜。就連乍看之下彷彿很直截了當的問題，例如「當你推下那個胖子的時候，你是否真的**有意**要殺死他？」，到最後都出現很多不同的面向。這場命案引起了種種錯綜複雜的問題，如果要面面俱到地討論每一個層面，那麼這本書的篇幅可能需要十倍長。不管怎麼說，儘管無法避免這個問題牽涉到的複雜性，而這的確讓學術界人士雀躍不已，但是我的目標卻是要寫一本書，讓即使沒有哲學博士學位的讀者也能看得懂。

我第一次接觸到電車難題時，只是個大學生；當哲學界引進那個胖子時，我也還是研究生。那都是很久以前的事了。不過之後，卻是其他不同學門對這個議題提出了不同層面的看法，才讓我對此又重新燃起興趣。

我希望本書能夠提出一些新的見解和看法，說明哲學界與非哲學界的人士為什麼都對這個胖子的虛構之死，感到如此的興味盎然。

PART 1

哲學與電車

Chapter 1

邱吉爾的難題

一九四四年六月十三日，凌晨四點十三分，倫敦西方約二十五哩外的一處萵苣田，發生了爆炸。

英國參戰已經有五年的時間，但是對首都居民來說，這卻標示著另一場災難的開始，這場災難會持續好幾個月，造成數千人喪失生命。德國人把這種會飛的炸彈命名為「*Vergeltungswaffe*」，也就是復仇武器的意思；第一枚復仇者飛彈只摧毀了幾棵可以吃的植物，但是當天晚上還有另外九枚飛彈，造成了致命的傷害。

倫敦人對於他們在大轟炸時期堅忍不拔的毅力感到自豪，其實有某種程度是被神話了。然而，到了一九四四年的夏天，這種樂觀與士氣的存量已經漸趨枯竭，儘管盟軍已經在六月六日登陸諾曼地，納粹德軍也已經從東部陣線撤退。

復仇者飛彈帶來的視覺震撼有驚心動魄的效果。兩噸重的鋼彈從空中呼嘯而過，尾巴還會噴出橘紅色的火焰；不過，讓目擊者更膽戰心驚的，卻是它的聲音，火箭會發出嗡嗡聲響，像是抓狂的蜜蜂；然後緊接而來的是那種怪異而恐怖的寧靜，意味著燃料已經用盡，隨時可能墜落。在彈頭碰觸地面的那一瞬間，會造成震耳欲聾的爆炸，將數棟建築夷為平地。倫敦人替這種炸彈取了一個聽似無害又孩子氣的綽號，叫做「小飛蟻」，藉以緩和他們的恐懼。（德國人則暱稱為「厲鬼」或「噴火龍」。）只有極少數市民能夠像詩人伊迪絲・絲薇爾（Edith Sitwell）那麼淡定，她聽到小飛蟻從頭頂上掠過時正好在念書，但是卻「只是抬起頭來看看天花板，然後提高一點音量與空中的火箭相抗衡，繼續念下去。」

因為飛彈無人駕駛，所以不分晝夜、無論晴雨，隨時都可能從海峽的彼岸發射過來；而且正因為無人駕駛，反而讓飛彈變得更險惡，而不是減輕威脅。「沒有一個敵人需要在空中冒著生命危險，」艾夫林・渥爾（Evelyn Waugh）寫道，「它就像瘟疫般沒有人味，彷彿整座城市遭到一群巨大、惡毒的害蟲感染。」

小飛蟻的目標是英國首都的心臟地帶，不但是人口最稠密的地區，也是最多政府機構群聚的權力中樞。有些小飛蟻確實正中目標區域，其中一枚震破了白金漢宮的玻璃，損毀了英王喬治六世的網球場；更厲害的一枚復仇者飛彈則在一九四四年六月十八日落在皇宮附近的衛兵教堂（Guards Chapel），當時有許多軍民正在教堂內參加晨間禮拜，結果有一百二十一人不幸罹難。

這顆飛彈可能也震破了海濱大樓（Seaforth Place）五號房的天窗。五號房是一間閣樓小公寓，屋裡全都是老鼠與詩集，屋內的書本之多，連原本嵌在牆壁上的麵包烤爐裡，都必須加裝書架才能裝得下。房子的屋頂有一條縫隙，可以聽到飛機間歇的咆哮聲從縫隙裡竄進來；地板上也有縫隙，可以聽到地鐵的轟隆聲不斷鑽進來。公寓裡住了兩位年輕女性，她們共穿鞋子（兩人共有三雙），也共用一個愛人。艾瑞絲在財政部工作，私底下也偷偷地傳送訊息給共產黨；菲莉帕則在研究一旦戰爭結束之後，要如何用美國資金來復興歐洲的經濟。艾瑞絲・梅鐸（Iris Murdoch）和菲莉帕・鮑桑奎（Philippa Bonsanquet）二人後來都成了傑出的哲學家，不過艾瑞絲始終都是以小說創作聞名。

替艾瑞絲作傳的彼得・康拉迪（Peter Conradi）說，她們二人已經習慣了在早上走路去上班的途中，發現許多建築物在一夜之間消失無蹤；回到公寓後，在密集的轟炸空襲之中，她們也會一起躲進樓梯底下的浴缸裡，尋求慰藉與保護。

在那個時候，她們並不知道，其實情況本來會更嚴重。納粹德軍面臨兩個問題。第一，儘管有一枚飛彈差一點擊中白金漢宮，另外一枚則在衛兵教堂造成嚴重的傷亡，但是大多數的復仇者飛彈其實都落在市中心南部幾哩遠的地方；第二，納粹德軍並不知道這個事實。

於是，有個錦囊妙計送進了英國政府中樞所在的白廳（Whitehall）。如果可以誘使德國人相信小飛蟻都正中目標，或者讓他們以為小飛蟻都落到倫敦北邊，完全沒有擊中目標就更好了，那麼他們就不會重新調整彈道角度，或者是稍做修正，反而讓飛彈落到更南邊的地方。這樣就可以拯救更多的性命。

這個騙局的細節由祕勤局負責精心規劃，其中牽涉到許多雙面間諜，包括最富傳奇色彩的「鋸齒」（ZigZag）[1]與「嘉伯」（Garbo）[2]；「鋸齒」與「嘉伯」兩人都領納粹德軍的薪水，但是卻替盟軍工作。納粹德軍要求他們提供目擊者的資訊，告知炸彈爆炸的地點，結果持續好幾個月，德軍都相信了「鋸齒」和「嘉伯」定期提供的錯誤訊息。

軍方很快就嘗到這個詭計的甜頭，也支持這個行動；但是對政治人物來說，卻是一個艱難的抉擇。當時的英國國家安全部長赫伯・莫里森（Herbert Morrison）與首相邱吉爾曾經有過一場激烈的論辯。如果說這場論辯是階級衝突似乎太過粗淺，不過莫里森是倫敦南部的一名警察之子，又代表東倫敦的貧困選區，或許會比邱吉爾更深切地感受到，這個行動對於住在市區南部的勞工階級帶來什麼樣沉重的負擔；而且，他對於政治人物「扮演上帝」來決定誰生誰死的想法也深感不安。然而，一如往常地，邱吉爾還是貫徹了他的意志。

歷史學家對這個行動的成功提出了質疑。英國情報機構軍情五處（MI5）在戰後銷毀了「鋸齒」和「嘉伯」送出去的假情報，因為他們認為，萬一這些消息曝光，住在倫敦南部的居民可能無法輕易地接受自己遭到如此無情的利用。然而，納粹德軍始終沒有改善他們的準頭；一名堅毅不拔的科技顧問，儘管自己的父母和母校都在倫敦南部（「我知道我的父母和母校都會接受」），依然推動這個計畫，他推估這個行動可能拯救了多達一萬條人命。

到了一九四四年八月底，復仇者飛彈帶來的危害逐漸降低。英軍從空中和地面擊落小飛蟻的機率增加，而且更重要的是，復仇者飛彈在法國北部的發射基地已經被進擊的盟軍部隊攻占。一九四四年九月七日，英國政府宣布，對抗飛行炸彈的戰爭已經結束[3]。復仇者飛彈總共殺害了大約六千人；包括克洛登（Croydon）、彭奇（Penge）、貝肯罕（Beckenham）、杜里奇（Dulwich）、史崔罕（Streatham）和路易遜（Lewisham）等地，都遭到了重砲攻擊，光是在克洛登，就有五萬七千棟房屋遭到損毀。

然而，如果沒有雙面間諜的詭計，可能會有更多的房屋損毀，也會出現更多的生命損失。邱吉爾做了這個決定，或許不會因此睡不安穩，因為他幾乎每天都會遇到這種令人苦惱的道德難題。不過這個難題的重要性，在於它的結構與一個著名的哲學謎題幾乎完全一致。

這個謎題正是本書的主題。

註釋

1 註：真名為艾迪・查普曼（Eddie Chapman），原本是一名黑社會的混混。

2 註：真實身分是在西班牙出生的璜・普荷爾・賈西亞（Juan Pujol Garcia），他讓納粹德軍相信他經營一個情報員網絡，其實所有的情報員都是他杜撰出來的。

3 註：事實上，儘管當時已經沒有復仇者飛彈射到英國，不過納粹德軍正準備要推出新的長程武器，「復仇者二號」（V2）。

Chapter 2

生死交關的岔路

他們曾害死人命……
又豈是無罪之身？

——聖奧古斯丁（Saint Augustine）

圖一：岔路難題。
你站在火車鐵軌旁，看到一輛失控的列車朝你這裡呼嘯而來：顯然是煞車失靈了。你看到前面有五個人被綁在鐵軌上；如果袖手旁觀，那五個人就會被火車輾過，命喪黃泉。所幸，你旁邊就有一個訊號開關，轉動開關，就可以引導這列失控的火車轉向你眼前的另外一條支線，也就是一條岔路。可是，不好了，這時候又有一個意想不到的障礙。在那條岔路上，你也看到一個人被綁在鐵軌上，改變列車的方向將無可避免地導致此人送命。這時候，你該怎麼辦呢？

有個人站在火車鐵軌旁，看到一輛失控的列車朝他這邊呼嘯而來，顯然是煞車失靈了。他眼前有五個人被綁在鐵軌上；如果這個人袖手旁觀，那五個人肯定會被火車輾過，命喪黃泉。所幸，他旁邊就有一個訊號開關：扳動開關，就可以引導這列失控的火車轉向他眼前的另外一條支線，也就是另外一條岔路。可是，不好了，這時候又發現一個意想不到的障礙。在那條岔路上，他也看到一個人被綁在鐵軌上，改變火車的方向將無可避免地導致此人送命。這時候，他該怎麼辦呢？

從現在開始，我們把這個困境稱為「岔路難題」。當然，岔路難題跟邱吉爾面對的難題不盡相同，但是二者之間不無相似之處。英國政府面臨一個抉擇。他們可以什麼事都不做，也可以試著去改變小飛蟻的飛行軌道透過提供假情報藉以拯救生命，其結果就是導致另外一群數量較少的人死亡。改變火車行進的方向同樣也可以拯救生命，不過其結果就是有另外一個人會死。

大多數的人似乎都相信，不但可以將火車導向岔路，而且這還是必須要做的事——這是道德上的義務。

在一九六七年的《牛津評論》（*Oxford Review*）中，首度出現了岔路難題的其中一個版本，這個例子後來又收錄在一本散文集內，這本書的題辭是「紀念艾瑞絲．梅鐸」，而這些文章的作者，正是當年在二次大戰期間，跟艾瑞絲．梅鐸共居一室的室友，同時也跟著她在英國政府面臨類似岔路難題時，一起蜷縮在海濱大樓的浴缸裡避難。[1] 菲莉帕．鮑桑奎（即後來的菲莉帕．芙特）可能永遠都想不到：她在一本只有圈內人閱讀的艱深期刊裡發表了一篇只有十四頁的文章，提出了一個謎題，竟然可以孕育出一個迷你的學術產業，開啟了一直延續至今的論辯。

這場論辯吸引了哲學界最有分量的思想家，從阿奎那（Aquinas）到康德（Kant），從休謨（Hume）到邊沁（Bentham），而且還點出了我們道德觀中最基本的矛盾。為了測試我們的道德直覺，哲學家甚至想出了種種更不切實際的情境，通常都牽涉到失控的火車和種種稀奇古怪的道具，像是活門、巨型轉盤、拖拉機和吊橋等。這列火車通常都衝向五個不幸的人，而讀者則有各式各樣不同的方法可以解救他們，不過代價都是要犧牲另外一個人。

在大多數的情況下，這五個面臨死亡威脅的人都是無辜之人，他們不應該身陷這樣的險境；而那個可能會犧牲性命來拯救這五個人的人呢，通常也是完全無辜的。而且此人跟那五個人之間通常也都毫無瓜葛，既不是朋友，也不是親人；他們之間唯一的聯繫，就是剛好被困在同一場危難災害之中。

不久，我們就會看到那個「胖子」。我們該如何對待他的中心謎團，已經讓將近半個世紀的哲學家傷透腦筋。到現在為止，已經有太多的論文都跟這個主題有關，甚至還有一個搞笑的新詞應運而生：「電車學」[2]。

就連英國首相都被問到其中的一個版本，正足以說明電車學已經深入大眾的意識之中。二〇〇九年七月，英國首相戈登・布朗（Gordon Brown）在TED講堂的現場演講中面對所有觀眾時，有人投出以下這個變化球要他接招：「你在一個美麗的海灘度假，突然有消息傳來說發生了大地震，正有海嘯朝著這個海灘直撲而來。在海灘的一端，住了一家五口的奈及利亞人；另外一端，則只有一個英國人。如果你的時間只夠警告一邊的人，請問你會怎麼做？」在眾人的吃吃笑聲之中，布朗先生不失其政客本色，巧妙地迴避了這個前提，說：「有現代通訊科技，兩邊都可以警告。」[3]

可是，有時候，你真的無法兩邊都兼顧，有時候，你就是無法拯救每一個人。政治人物確實要做一些攸關生死的決定，醫護人員也是一樣。醫療資源並非無窮無盡，每當醫療體系面對必要的抉擇，決定要資助研發預計可以救X條人命的新藥或是可以救Y條人命的另外一種藥時，其實他們也面臨電車難題的另外一種變形，只不過在他們的難題中，並不需要殺死任何人。[4]

在接下來的篇幅中，我們將會看到電車學已經衍生出微妙而重要的差別，比方說，要選擇救一個人或是救五個人，又或者是犧牲一個人去救五個人。位在紐約州北部的美國西點軍校是訓練未來軍官的地方，所有的學員在必修的哲學課與「正義戰爭」理論中都會學到電車學；授課老師說，這有助於區分美國發動的戰爭與基地組織（al-Qaeda）恐怖攻擊戰術之間的差異，或是瞄準軍事設施但是知道有些平民將無可避免地在攻擊中喪生，與刻意瞄準平民之間的分別。

對於電車場景是否真的涵括了這樣的差別，哲學家之間仍有不同的看法。然而，傳統的安樂椅哲學家所設想出來的電車學，已經不再是他們的專利了；在過去這十年間，哲學界出現了一個明顯的潮流，就是深受其他學門的影響，接受它們的理論與見解。十年來，倫理學的這一個支派接納了許多的學門，包括心理學、法學、語言學、人類學、神經科學、演化生物學等；就連哲學界最時髦的支派實證哲學，也跳上了這列電車。從以色列到伊朗，到處都有人在從事跟電車有關的研究。

有些電車學的文獻太過窮凶極惡，借用一位憤怒的哲學家所說的話：「簡直讓《塔木德經》（*Talmud*）看起來像是《克里夫筆記》（*Cliffs Notes*，指學生用的一套經典文學入門導讀）」。誠然，對於一個門外漢來說，火車脫軌失控這個怪異的事件可能看似無害的小遊戲，像是給長年蝸居在象牙塔中的人玩的字謎遊戲；然而，究其核心，其實是關於是非對錯，還有我們究竟應該怎麼做的大哉問——還有什麼比這個更重要的呢？

註釋

1 註：並沒有證據顯示菲莉帕・芙特在提出她的火車難題時，就已經知道二次大戰中的類似困境。

2 註：這個名詞最早是由克瓦米・安東尼・阿皮亞（Kwame Anthony Appiah）發明出來的，是以令他驕傲的事情命名。

3 註：ＴＥＤ講堂的提問人是克里斯・安德森（Chris Anderson）；內容詳見：http://www.ted.com/talks/gordon_brown_on_global_ethic_vs_national_interest.html。「ＴＥＤ」代表的是科技（Technology）、娛樂（Entertainment）、設計（Design），其設立宗旨為傳播有價值的想法。

4 註：許多哲學家相信對於殺人一事，有些特別的道義上限制，但是對於非故意致人於死則沒有這樣的限制。我要感謝傑夫・麥克馬漢（Jeff McMahan）提出這一點。當然，在決定要資助哪一種藥物的研發時，這種藥物對生命品質與長度的影響都會列入考量。

Chapter 3

開山祖師奶

我知道了
原子彈的悲劇性。

——美國杜魯門(Harry S. Truman)總統，
在一九四五年八月九日，
「胖子」投擲到長崎的那一天所說的話。

菲莉帕・芙特（朋友都暱稱她為「小菲」）——也就是電車學的喬治・史蒂文生[1]，相信她提出來的火車難題有正確答案（因此，按照邏輯推理，也就有錯誤答案）。

出生於一九二〇年的芙特跟許多同儕一樣，都是在二次大戰的暴力環境中形塑出她的倫理觀；可是到了一九四七年，當她開始在牛津大學教授哲學時，主觀論（subjectivism）依然陰魂不散，在她眼中，仍然繼續毒害整個學術圈。

主觀論堅稱，世界上沒有客觀的道德真理。二次大戰之前，這種論點曾經遭到一群來自奧地利首都的數學家、邏輯學家和哲學家圍剿，也就是所謂的「維也納學派」（Vienna Circle）。維也納學派提出了邏輯實證主義（logical positivism），主張任何命題如果要有意義，必須符合以下兩個標準的其中之一：第一，光憑命題本身的意思即可自證為真（例如「二加二等於四」或是「所有的火車都是交通工具」）；或者第二，原則上能夠透過實驗來證明為真（例如「月亮是起司做的」或是「前面有五個人被綁在鐵軌上」）。除此之外，其他的所有陳述都是沒有意義的。

這些沒有意義的命題可能包括一些大膽的道德主張，諸如「納粹德軍用毒氣殺死猶太人是錯的」或是「英國人用詭計來改變小飛蟻的彈道是合理的」。從表面上看來，這樣的主張很奇怪，因為這些命題聽起來好像都合情合理，至少乍看之下，似乎可以自證為真；它們不像一堆雜亂無章的文字，如「彈道小飛蟻用詭計英國人改變合理」，這就真的是無厘頭的胡言亂語了。那我們該如何解讀倫理學的論述呢？曾經參加過維也納學派會議的英國哲學家艾耶爾（A. J. Ayer）提出了一個解答。[2] 儘管他後來在提到邏輯實證主義時，批評說：「（這個理論）最重要的缺陷，就是所有的理論幾乎都是假的」，不過有一段時期，他卻為之醉心，甚至由衷地擁護。艾耶爾發明了一種被蔑稱為「呸！／喔耶！」主義的理論。[3] 如果我說「納粹德軍用毒氣殺死猶太人是錯的」，那麼這句話最好的解釋應該是「納粹德軍用毒氣殺死猶太人，我呸！」；同樣的，如果我說「英國人用詭計來改變小飛蟻的彈道是合理的」，則大致可以解釋成：「英國人用詭計來改變小飛蟻的彈道，喔耶！」

在菲莉帕・芙特事業剛剛起步的那個年代，二次大戰期間集中營內的恐怖慘狀才剛開始慢慢地揭露出來，就像鬼魅一樣纏繞在她心頭，因此她完全無法接受竟然把倫理學上的主張解釋成一種看法、一種個人喜好、一種「我贊成」或是「我反對」、一種「呸！／喔耶！」的立場；這樣的觀念對她來說，簡直是大逆不道。

可是，芙特不只是跟倫理情緒主義（ethical emotivism）格格不入，也沒有時間去搭理在一九五〇和一九六〇年代有一段時期在牛津及其他學校都曾經風靡一時的另類哲學研究，稱為「日常語言哲學」。日常語言運動相信，在我們解決哲學問題之前，必須先留意在日常談話中所使用的語言有什麼微妙的差異；於是哲學家把所有時間都花在解構我們說，比如「搞錯」和「意外」之間的細微差別。[4]學生在課堂上或是個別輔導時提出來的問題，總是像回力棒似的又彈回來：「你說這個、這個、這個，究竟是什麼意思？」芙特的學生記得她在上課時還是很盡責地教了這個學派，但是卻教得漫不經心，純粹只是為了讓學生在考試時可以過關。

芙特不是天生的老師。她的個性認真熱心，也會鼓勵學生，但是卻讓人感到害怕。她有一張貴族般的長臉和上流社會的腔調，據她的一位學生說，她的腔調聽起來就「像個貴婦」。[5] 她給人家的第一印象，就是她出身自一個英國的貴族家族，這其實也說中了一半。她的父母在西敏寺教堂結婚，還是當年的社交圈的一件盛事；她的父親威廉・席德尼・本斯・鮑桑奎上尉（Captain William Sydney Bence Bosanquet）是一次大戰的戰爭英雄，而據芙特自己說，他每天的生活就是狩獵、釣魚、射擊。芙特從小在一座氣勢宏偉的鄉間大宅長大，幾乎沒有受過什麼正式的學校教育，雖然身邊圍繞著家庭教師，但是當時的文化並不鼓勵女孩子念書，也認為不值得（所以芙特的拼字始終都很糟糕）。當小菲跌破眾人眼鏡，拿到牛津大學的入學許可要去念政治、哲學和經濟學時，他們家的一個朋友還安慰她父母說，「至少她看起來沒有很聰明」。[6]

芙特從來就不反對知識分子的高傲，而念大學讓她擺脫了家庭的社會勢利眼。她並不會炫耀，但也從不隱瞞自己的顯赫身世。在她入學的一個月前，英國才剛剛跟德國宣戰，在戰爭期間，大部分的女大學生都利用管制配給的材料縫製自己的裙子，但是菲莉帕的衣著卻很時髦，始終「一看就知道不是自己做的」。她也成為經濟學輔導老師湯米・巴洛格（Tommy Balogh，後來的包洛格勛爵），特別關注的焦點。巴洛格是猶太裔的匈牙利人，流亡到英國，他天資聰穎、盛氣凌人，特別喜歡跟女性打情罵俏，後來成了英國首相哈羅德・威爾遜（Harold Wilson）的顧問，是個極富魅力的角色，不過卻是「情緒法西斯主義者」。巴洛格曾經傳過幾段緋聞，據跟芙特一起上輔導課的同學說，小菲很受不了他劇烈的追求攻勢，甚至還在巴洛格用濃重的口音跟她求婚時，斷然拒絕了他。[7]

不過，菲莉帕・芙特只有一半的血統來自高貴的英國。其實，她母親的家世更卓然不凡——艾絲特（Esther）是一八九三年在白宮出生的，是美國第二十二任與第二十四任總統的女兒；這話聽起來像是邏輯上的腦筋急轉彎，因為從來沒有女性擔任過這個職位。不過，「第二十二任總統」和「第二十四任總統」，正如哲學家所說的，是同樣的線索。芙特的外祖父，即民主黨的克里夫蘭（Grover Cleveland），正是唯一一位曾經擔任過兩屆任期不連續的美國總統。

芙特對她外祖父的生平深感興趣（跟她外祖父也算熟悉），但是到處吹噓這樣的親戚關係，在社會上並非是公認可以接受的行徑，因此在公開場合，她更可能會提到父親那一邊的親戚：巴納德・鮑桑奎（Bernard Bonsanquet），知名的板球選手，以發明這種運動中最難以捉摸的曲線球聞名。

・四人行

戰後，菲莉帕・芙特說服了她的學院，即桑默維爾學院（Somerville），在當時還是全女子學院，接納了第二位哲學家伊莉莎白・安斯康姆（Elizabeth Anscombe）；她在電車學中扮演了間接卻重要的角色。安斯康姆跟芙特一樣，從來沒有拿到博士學位：在那個年代，博士學位是一種恥辱的象徵，因為那表示你無法在畢業後立即獲得學術職位，證明你的價值。安斯康姆在大學念的是傳統古典學，據說，她在學位口試時被問到一個問題：「在你應該要研究的那個時期裡，有沒有什麼事實是你想告訴我們的？」她的回答是：「沒有。」儘管如此，她還是獲得了一級學士學位。她留短髮，抽雪茄菸，用茶碟喝茶，戴著單片眼鏡，穿著長褲——其中還有一條是豹皮長褲；她的聲音悅耳動聽，聽起來像是豎笛，不過有時候罵起人來卻粗魯到令人難以忍受。

有好幾年，芙特與安斯康姆不但是同事，更是閨中密友，聯手對抗她們感到衷心厭惡的主觀論。以前的學生還記得這兩位桑默維爾學院的輔導老師在午餐後回到交誼廳，各自盤據在壁爐的一側，展開冗長的哲學論辯[8]。芙特總是說安斯康姆讓她受益良多，還認為她是那個世代最好的一位哲學家；兩人惺惺相惜，彼此敬重；有位叫做東尼・肯尼（Tony Kenny）的年輕人到牛津來念研究所的時候，安斯康姆還跟他說芙特是全牛津唯一值得注意的道德哲學家。

在一九四〇年代末期，女性進入哲學的學術圈仍然有如鳳毛麟角，而牛津儼然就是男性沙文主義的堡壘；然而，在那個世代，不僅出了安斯康姆和芙特，還有艾瑞絲・梅鐸，她在芙特的鼓勵之下，也申請了附近的聖安妮學院（St. Anne's College），並且獲得聘用，實在是令人刮目相看。物以類聚，人以群分，天資聰穎的人總是會聚在一起，因此她們三人的學術生涯與個人生活會緊密的交疊糾纏，也就不足為奇了。三人之間有交好也有爭吵，有忠誠的表現也有背叛的行為，在哲學領域對某些事情有共識，對其他的事物則有分歧。當小菲與艾瑞絲在倫敦分租一間公寓時，梅鐸有許多愛人，其中一位正是M・R・D・芙特；後來在二次大戰期間，芙特在特別行動局（Special Operations Executive）這個專門從事敵後工作的祕密組織裡，成了出色的歷史學家。在戰爭期間，芙特先生是藝高人膽大的特務，曾經空降到外國的領土，而且他還覺得跳傘是「一種強烈的感官刺激，唯有跟好的對象做愛才差堪比擬」。

伴隨刺激而來的就是危險。在一九四四年，芙特先生曾經被逮捕，還差一點丟了性命；不過在那個時候，梅鐸已經相當無情地拋棄了他，轉投入湯米・巴洛格的懷抱。梅鐸後來也對巴洛格由愛生恨，說他是撒旦，一個「聰明到可怕的猶太人」。可是這段往事讓芙特先生的內心遭受重創。後來在回首前塵時，梅鐸曾經寫道，菲莉帕在一九四五年嫁給了M・R・D・芙特，「成功地挽救了我的行為所造成的後果」。這種交換伴侶的複雜關係，讓兩個女人多年來都處在一種緊張拉鋸的關係。梅鐸曾經寫信給芙特說：「失去妳，而且是**以那種方式**失去妳，是我這輩子經歷過最不堪的事情。」

戰後，芙特夫婦在牛津北部定居下來，至少在一開始的時候，是看似相當幸福快樂的結局。雖然芙特先生因為沒能拿到政哲經（政治、哲學、經濟）的一級學士學位，導致心靈受到重創；在小菲告訴他這個壞消息之後，他終其一生就只是在他保留的名單上不停地加上新的名字，名單上全都是遭遇到類似不幸的傑出人士。後來，到了一九五〇年代，菲莉帕的婚姻觸礁了，對她來說有如青天霹靂，也讓她的情緒受到極大的打擊。M・R・D・芙特後來在他的回憶錄裡只以兩行文字解釋：「我仍然熱切地想要生兒育女，但是她卻無法生育。我覺得自己是個粗俗的男人，就這樣離她而去。」

至少，這讓芙特與梅鐸兩人之間的恩怨冰消瓦解；她們這段四角戀情幾乎每一個角都連了起來，甚至兩人之間還曾經譜出短暫的戀曲。在此同時，芙特與安斯康姆之間的關係反倒日趨緊張。芙特是無神論者，而安斯康姆卻是虔誠的羅馬天主教徒，她們的世界觀本來就有歧異，只不過對哲學共通的興趣消弭了這樣的差異，然而，這個裂痕最後終於大到無法弭平。

她們不但對哲學有共通的興趣，對哲學的研究方法也有共同的看法。除了一致反對「呸！／喔耶！」主義的後設倫理學之外，安斯康姆、芙特與梅鐸都非常關注「良善美德」。在任何道德兩難中，遇到「我該怎麼做？」的問題時，其中一派的回答方式是強調道德上的責任與義務，比如絕對不能說謊的責任。但是效益主義卻有不同的反應，反倒認為行為的結果才是最重要的，比方說，這個行為是否可以拯救最多人的性命，或是創造最大的幸福。（大家公認是安斯康姆將「結果論」一詞引入哲學領域，不過對她來說，這是個讓人鄙夷的名詞。）然而，芙特、安斯康姆與梅鐸卻對第三種思維方式深感興趣，當時，這種思考模式幾乎已經完全遭到摒棄，至少在牛津是如此。她們受到亞里斯多德與阿奎那等人著作的影響，特別強調品格的重要[9]。一個行為只有在一個品德高尚之人做出這樣的行為時，才會是好的。一個真正品德高尚之人，會表現出許多良善美德，包括自重、節制、慷慨、勇敢、善良等；據說，芙特等認為「誠實」才是其中最重要的美德[10]。

她們共同參考的來源不只是亞里斯多德與阿奎那，其中還可以看到一位年代更近、也引起更多不同論辯的人物的身影——即一八八九年生於維也納、一九五一年卒於劍橋的維根斯坦（Ludwig Wittgenstein）。他那天才洋溢、引人入勝的文采，還有令人折服的個人魅力，讓他成為英美兩地最具影響力的哲學家。

如果說到是誰最受這個奧地利人影響，那就非安斯康姆莫屬了。戰爭期間，她搬到劍橋擔任研究員；而維根斯坦在戰時卻是先在醫院替病人送藥，後來到新堡（Newcastle）的一間實驗室擔任技工，最後才回到劍橋教書。安斯康姆去聽了他的課，又在課後與他長談了數個鐘頭：維根斯坦親暱地稱她為「老頭」。安斯康姆的特異風格很難成為他人的門生，但維根斯坦也不缺門生就是了，然而她的著作卻無可磨滅地烙印上他的風格。每當別人表達他們認為是深奧的思想時，她卻不留情面地指出這些思想潛在的愚蠢之處，並且公諸於世。跟安斯康姆辯論，就像是被剝了一層皮似的。

跟許多與維根斯坦接觸過的人一樣，她也染上了一些他的特質，例如在演講或授課途中停下來思考時陷入令人不安的沉默，雙手像老虎鉗似地緊緊捧著頭，還有在激烈的哲學論辯中露出痛苦不堪的表情。據說，她甚至還沾染了一絲奧地利口音。她這種認真的表現，或許讓有些人覺得矯情，但是她對哲學的態度肯定是非常認真嚴肅的。維根斯坦說服了許多他門下最有天分的學生放棄這個學門，對哲學界來說，還好伊莉莎白・安斯康姆堅持下去了。不過她曾經跟她的朋友，當時還未封爵的東尼・肯尼說：「我腦子裡的思想，沒有一個不是維根斯坦給我的。」「有時候我會覺得，」安東尼・肯尼爵士又加上一句，「我腦子的思想，沒有一個不是伊莉莎白給我的。」[11]

安斯康姆又將維根斯坦的思想傳給了芙特。芙特在一生中出版了幾本論文集，但是其中只有一篇論文發展成書，即《自然善性》（*Natural Goodness*）。這本書開宗明義就講到了維根斯坦以及他在牛津僅有的兩場演說中的其中一場。芙特回憶道：

> 有個人剛剛意識到他即將脫口而出的話雖然很迫切，但是顯然很荒謬，於是很努力……想說點什麼別的比較合理的話。維根斯坦打斷了他。「等一等，」維根斯坦說，「說你真的想說的話。要坦白直率，然後我們才能繼續下去。」他的建議，就是在哲學研究中不應該多做修飾，或是把那些坦白直率到有點荒謬甚至令人困擾的想法整理得太乾淨，反而應該好好地思索這些想法，好好想個一天、一個星期，甚至一個月；這個建議似乎對我們助益良多。

維根斯坦相信，哲學上的謎題都是自然而簡單的，卻因為觀念的混淆才會形成，因此只要透過語言的分析即可拆解。哲學的目標就是「告訴蒼蠅該如何從瓶子裡飛出來」。芙特對這段話的詮釋是，基本上，就是透過口語的方式，由兩個人進行治療性的對話，其中一人試著表達深奧的真理，而另外一人則掀開面紗，暴露其中的膚淺。或許，在牛津時代每天飯後的那些論辯中，她總是把自己想像成困在瓶中的那隻蒼蠅，而安斯康姆則幫她指明出路。

對維根斯坦來說，除了電車學之外，大概想不出哲學還有哪一個部分是他更陌生的了。別的不說，首先，維根斯坦對哲學有助於倫理學研究就抱持質疑的態度；更重要的是，專注在假設性問題的枝微末節，無休無止地一再檢驗大量只有細微差別的情境，也跟他的行事風格大相逕庭——因為他最關注的還是邏輯與語言中最基本的問題。這或多或少也可以讓我們猜想，芙特本人對於她在無意間創造出來的這個新興學術支派會有什麼看法了。

・總統的學位

我們討論的哲學家當中，還有另外一個共通之處。對他們來說，道德哲學不僅止於抽象的思考訓練，也不只局限在中世紀大學裡修葺得整齊亮麗的中庭花園。哲學是事關緊要的。他們關心世事，也相信自己有責任必須這樣做；這倒不是道德哲學家的特別職責，而是生為人類的共同義務。

早在一九四〇年代，有一小群人成立了一個饑荒賑災委員會，芙特就已經是成員之一。最初，她看到報紙廣告徵求義工，替牛津市中心大街（Broad Street）上一家慈善商店整理善心人士捐贈的東西，這家店接受別人捐出來的任何商品，然後再轉售謀利。早年甚至還有人捐贈假牙和一頭活的驢子[12]。現在，這個組織已經成長茁壯；樂施會（Oxfam）在全球一百多國營運，擁有一千五百家店。

當然，他們也在冷戰的局勢中從事政治活動。芙特就積極營救來自東歐的異議分子與流亡移民，尤其是一九五六年發生暴動後的匈牙利。一九七五年，她跟東尼・肯尼應邀到南斯拉夫演講；行前，他們聽說當地的一名哲學家米哈伊洛・馬爾科維奇（Mihailo Marcovi）在他們抵達之前遭到逮捕，於是起草了一份言詞鋒利的抗議文件，藏在他們的行李裡面，準備到當地發送。這兩名英國人夾帶著違禁品，提心吊膽地經過海關，擔心自己被抓。結果，事實證明他們這番苦心白費了——馬爾科維奇博士就在歡迎的隊伍裡迎接他們呢。

安斯康姆也同樣受到政治與時事的刺激而採取行動。姑且舉兩個相關的例子。一九五六年，牛津大學裡有人提議要頒發榮譽博士學位給美國第三十三任總統杜魯門。西歐國家確實在許多方面要感謝杜魯門。他不但在一九四五年接替小羅斯福（Franklin Roosevelt）繼任總統之後，督導二次大戰最後幾個月的戰事；在戰後幾年間，還以柏林空投行動瓦解了蘇聯對這座城市西半部的封鎖，同時藉由馬歇爾計畫（Marshall Plan）在這個地區投入大量金錢，重建經濟，更成立北約組織（NATO），提供西歐國家一個保護傘。

投票表決是否同意授予某人榮譽學位，通常都只是例行公事。但是，以杜魯門這個案子來說，建於十七世紀、美麗的謝爾登劇院（Sheldonian Theatre），也就是牛津大學裡要發表這類事情的場地，卻被擠得水泄不通。安斯康姆後來寫道，學院裡風聞她對此事有異議，於是他們「都被策動出來投贊成票」；聖約翰學院（St. John's）的教師都聽說了「那些女人意圖在大會上滋事，咱們得去投票，以多數票壓倒她們。」有位現場目擊者回憶當時的情況。[13]

> 安斯康姆女士起身，（按照規矩取得副校長的同意以英語發言之後）發表了一段慷慨激昂的演說，反對頒贈牛津的學位給一個「按下那個按鈕」，引爆炸彈的人。

當時，《牛津郵報》（*Oxford Mail*）報導說，安斯康姆引起了一陣「騷動」，全國性的報紙也報導她的干預行動。安斯康姆慷慨激昂地陳詞，激動忘我地問道：「如果你們真的給他這樣的榮譽，那麼尼祿、成吉思汗、希特勒或是史達林之流，以後還有什麼榮譽不能給？」

美國人將一九四五年八月投在廣島的那顆原子彈命名為「男孩」，而三天後，八月九日在長崎引爆的那顆則叫做「胖子」。兩顆原子彈加起來，當場奪走了十五萬至二十四萬五千人的性命，隨後的幾年間，輻射線又增添了數萬條冤魂。杜魯門說，他下令投擲原子彈，這也是人類歷史上唯一一次用到核子武器，是為了迫使日本投降，加快戰爭落幕的腳步。不到一個星期，裕仁天皇就宣布接受投降協定。

可是，正如安斯康姆所說的，人類如果選擇以殺害無辜之人做為達成目標的手段，總歸就是謀殺；對於一般人認為杜魯門的抉擇很勇敢的說法，她覺得困惑不解。「是可以說杜魯門先生做這樣的決定，表現出極大的勇氣，」她對與會的學術界同僚說，「但是我倒想知道他有什麼好損失的？我倒覺得他會損失一樣東西，就是失去了獲頒牛津大學榮譽學位的機會。」

對於當時投票的情況，報紙上有各種不盡確實的報導。牛津大學的檔案裡說的很明白，當時並沒有正式的計票，但是頒發榮譽學位給杜魯門的提案還是以每個人用拉丁文大聲喊出「同意」或是「不同意」的方式通過了。事實上，至少有兩個人支持安斯康姆[14]——菲莉帕和她當時的丈夫M・R・D・芙特。菲莉帕跟安斯康姆一樣都對砲彈感到恐懼，不過她的丈夫卻剛好相反，他相信在廣島和長崎投擲炸彈確實縮短了戰事，拯救了無數的生命，完全有正當理由這麼做，而他純粹是基於個人的忠誠才支持安斯康姆的[15]。安斯康姆後來寫了一本關於「杜魯門先生的學位」的小冊子，獻給那些喊出「不同意」的人。

安斯康姆對於杜魯門按下原子彈發射鈕的憤怒，完全圍繞「意圖」這個概念，我們在下一章會有詳細的討論。杜魯門是蓄意要殺死那些無辜的平民百姓嗎？她對意圖的解析，也是理解她對其他道德議題的關鍵。儘管在杜魯門這件事，安斯康姆可以說有兩隻腳[16]支持她的立場，但是對於性方面的議題，尤其是避孕與墮胎，芙特與安斯康姆的看法就南轅北轍了，這也造成兩人之間永遠的裂痕：「（安斯康姆）是……比教宗還要更嚴厲的天主教徒，」芙特說。

在整個搖擺盛行的六〇年代，也就是女性主義覺醒與性解放的那十年間，安斯康姆都以咄咄逼人的筆鋒捍衛羅馬天主教會禁止避孕的立場，並且大力鼓吹已婚夫婦採用月經週期法來避孕。當樂施會計畫在開發中世界引進節育政策時，她就跟芙特發生爭執，甚至忿怒地撕毀了樂施會的捐款單。她經常隨意使用「殺人犯」這個名詞，不但用在杜魯門總統的身上，也用來稱呼幾乎是每一個選擇墮胎的婦女。

胚胎的道德地位在哲學家之間引發激烈的不和，芙特與安斯康姆都分別就此事撰寫哲學論文。當然，就某種程度來說，這個議題仍有相當大的異議，但是在絕大部分的已開發世界，墮胎權的爭議現在已經是塵埃落定。不過，當芙特首次將哲學論辯技巧應用到這個議題上時，卻不是那麼一回事。美國要等到一九七三年的「羅伊對韋德」案（Roe vs. Wade）之後，才確認了婦女的墮胎權；而英國國會則是在一九六七年十月通過法案，放寬限制墮胎的法案。菲莉帕・芙特也是同一年在《牛津評論》發表了她的文章〈墮胎問題與雙重效果論〉（The Problem of Abortion and the Doctrine of the Double

Effect），也讓電車學問題首度登場亮相。

註釋

1 譯註：George Stephenson，英國機械工程師，是近代蒸汽火車頭的發明人。

2 註：艾耶爾回到牛津之後，致力傳播邏輯實證主義的思想，不久之後——這實在是個悲慘的反諷——維也納學派也成了納粹鐵蹄下的受害者，其成員紛紛逃到芝加哥、普林斯頓、牛津和其他各地避難。

3 註：又稱為「主情論」或「情緒主義」（emotivism）。主情論與主觀論不盡相同，也是芙特反對的一種主義。主觀論認為，如果我說「殺人是錯的」，那麼我就陳述了不認同的態度，然而主情論卻聲稱，那句話只是表達了字面上的意思，只是這樣說，並不表示我的主張。

4 註：到了一九八〇年代，我在牛津大學部和研究所念哲學時，仍然可以感受到日常語言哲學的影響猶存。我還記得有一次曾經跟我的一位輔導老師熱烈討論茶杯與馬克杯之間有什麼不同。

5 註：作者訪問了Lesley Brown。

6 註：引文出自二〇一〇年十月刊登在《金融時報》（*Financial Times*）、《每日電訊報》（*The Daily Telegraph*）和《獨立報》（*The Independent*）上的菲莉帕・芙特的訃聞。

7 註：Daphne Stroud寫給作者的信。

8 註：作者訪問了Lesley Brown。

9 註：儘管克利斯普（Crisp）認為美德倫理學（virtue ethics）是義務論（deontology）的一個支派。

10 註：引述Michael Dummett於二〇一一年三月十九日在菲莉帕・芙特追思會上的致詞。

11 註：與本書作者的訪談。

12 註：引述Michael Dummett於二〇一一年三月十九日在菲莉帕・芙特追思會上的致詞。

13 註：Glover（2001: 106）引述A.F.L. Beeston的話。Beeston聲稱，場地爆滿根本就與杜魯門無關；其實，他們是因為有個計畫要在神學學位課程中減少使用希臘文的新約聖經，所以才群情激憤地聚集在一起。他說，「在場的人聽完演說之後就只是完全沉默，無動於衷……沒有一絲一毫地表示認同或反對，沒有人竊竊私語，也沒有任何騷動，就是不動聲色，完全冷淡自若。」可是，這種「完全冷淡自若」的說法似乎不太可信，也與媒體的報導有所出入。

14 註：安斯康姆跟東尼・肯尼說有三個人支持她。

15 註：與本書作者的訪談。

16 譯註：芙特及其夫婿的姓氏為「Foot」，在英文裡正是「腳」的意思。

Chapter 4

朗道夫伯爵的第七個兒子

（電車問題）
是個有趣又討人厭的難題。

——湯姆森（J. J. Thomson）

一二二五年初，朗道夫伯爵（Count Landulf）的第七個兒子在那不勒斯附近出生。這個孩子湯瑪斯從小就展現過人的智慧與天賦，同時在道德上也表現出相當的正直。他認為人類最高尚的美德就是堅忍與剛毅，而他正好擁有這樣的特質。他的家人原本安排他進入本篤會，結果他卻選擇當道明會的修士，讓家人極為不滿。道明會修士不相信要住在與世隔絕的修道院中，而是要周遊列國，傳遞教義，並且靠世人的慈善布施維生。湯瑪斯的兄長們為了阻撓他的計畫，還一度趁他就著泉水喝水時將他抓回家，囚禁在家族的古堡裡，整整兩年的時間不能離開；他的手足為了破壞他禁慾的誓約，甚至請來一位美麗妖嬈的妓女送進他的房間，湯瑪斯一看到她，整個人嚇得跳了起來，從壁爐中掄起火鉗，逼著她倉皇逃離[1]。

最後，他終於逃脫家人的掌握，來到德國，追隨一位天資聰穎的道明會修士，潛心研讀，也啟發了湯瑪斯對亞里斯多德的熱愛與崇敬。湯瑪斯後來在巴黎、羅馬、那不勒斯等許多地方教書，不論走到哪裡，始終都穿著他特有的白色短衫和道明修會的黑色罩袍。在一二七四年辭世之前，他創作不輟，著作等身，不但有針對亞里斯多德的釋疑註解，還有許多廣度、深度都極為不凡的原創著述。

半個世紀之後，朗道夫的這位子孫將會封聖。凡人如果要成為聖徒，必須在死後顯現奇蹟（表示他已經進入天堂，可以前來協助活在世間的人）。可是如果能在生前顯現奇蹟，就表示此人受到上帝的寵愛。湯瑪斯並不熱中於創造奇蹟，寧可花時間寫作閱讀，不過仍然有幾位目擊者佐證以下的這個故事。在義大利，就在他臨終前幾天，已經拒絕飲食的湯瑪斯突然表示很想吃鯡魚，很不幸的，這樣的願望無法實現，因為在義大利海岸找不到鯡魚。這時候，魚販帶著豐收的沙丁魚來了，就在打開其中一簍漁獲時，出乎每一個人的意料，其中一簍竟然裝著滿滿的鯡魚。

虔誠的信徒對於這個故事深信不移，至今仍有人到聖徒阿奎那在土魯斯（Toulouse）的墳前禱告，祈求聖徒治療他們的病痛。即使非天主教徒也十分尊崇聖徒阿奎那。許多天主教徒認為他是這個信仰裡卓越傑出的神學家，而俗世的哲學家則推崇他在眾多領域內啟迪人心的貢獻，從心靈哲學到形而上學，乃至於自然法則理論等。他在道德哲學的論述至今依然與我們息息相關，特別是他擬訂了可以正當發動戰爭的基本原則，成為第一位清楚地勾勒出這個有力教條的思想家。阿奎那認為，蓄意殺人永遠都不可能是正當的行為。但是如果有人受到生命威脅，而唯一拯救他們性命的方法就是殺掉攻擊他們的人，那麼在道德上就可以允許殺人，只要其意圖是自保，而非取人性命。於是，「雙重效果論」（Doctrine of Double Effect）就應運而生了，下文簡稱「雙重效果論」[2]。

．不只單效，而是雙效

菲莉帕．芙特在知識領域相當謹慎，總是謀定而後動。據東尼．肯尼說：「她就像個登山客，總是要先確認她已經站穩了腳步，然後才能跨出第二步。」[3]芙特本人也常常以此自嘲。她曾經說過：「我一點也不聰明。事實上，我思考的速度慢得不得了。可是我對於什麼才是重要的事情總是看得很準。雖然最好的哲學家可以結合聰明與深度，但是不管在什麼時候，我都寧可選擇精準的洞察力，而不是聰明。」

一九六七年，在一篇影響深遠的文章中，她那精準的哲學洞察力帶領她走進了道德哲學中最具爭議性的一個領域。這篇文章的全名為〈墮胎問題與雙重效果論〉，在文中，芙特拒絕使用雙重效果論做為批評墮胎的武器。

她解釋道，阿奎那率先指出的雙重效果論是「基於一個人預見他自發行為的後果與他的意圖——根據嚴格的定義——之間的差異」[4]。後來，她又補充說明道：「我所謂的『雙重效果論』有一定的命題，也就是有時候一個人以拐彎抹角的意圖造成非直接蓄意的結果，是可以允許的。」之所以稱為**雙重**效果，正是因為某些行為有兩種結果：一個是蓄意的，另外一個則是可以預見、卻不是蓄意的。

文學上有個例子，是來自尼可拉斯・蒙薩拉（Nicholas Monsarrat）的小說《無情怒海》（*The Cruel Sea*）。故事的背景是二次大戰期間的大西洋戰爭，一支英國商船船隊遭到德軍魚雷擊中，有些船隻已經沉沒，海面上有許多倖存者等待救援。此時，有艘英國快艇上的指揮官面臨抉擇：要不要投下深水炸彈，摧毀德軍潛艇？明知道劇烈的爆炸會殺死海上的倖存者，但是他也知道如果不採取行動，潛艇會繼續肆虐，擊沉更多船隻。最後他決定投下深水炸彈。在決定擊沉潛艇時，指揮官已經預見倖存者的死亡，但是這並非他的意圖。

雙重效果論的核心正是意圖與預見之間的差別。在天主教的教義中，雙重效果論極為重要，因為那是教會在解釋為什麼他們只接受極罕見的墮胎案例的中心思想。大部分的墮胎案例，其意圖都是殺死胚胎；然而，如果一名孕婦的子宮內長了腫瘤，唯有切除子宮才能保全性命，這時候可以說子宮內只不過恰好有一個胚胎，胚胎的死亡只是個意外。切除子宮的目的不是殺死胚胎（或者更確切一點，並不想對胚胎造成任何影響），而是要處理腫瘤。

雙重效果論不只是天主教義的基本論點，在講道壇外也經常被人引用。有些沒有宗教信仰的人刻意拒絕任何源自於神學的理論主義，這個立場相當幼稚，因為有太多哲學家的貢獻都是來自宗教的框架內。然而，雙重效果論在一般常識道德裡的中心，至少能讓有神論與無神論者休兵停戰。雙重效果論已經成為法律、醫療行為和戰爭法則中的一部分。法律分得很清楚，一邊是「直接」或是「故意」的意圖，另外一邊則是「非直接」的意圖。在醫療行為中，在某些情況下，可以允許對垂死病患施予藥物，減輕痛苦，雖然可以預見這樣做會加速其死亡，但是這並非施藥的意圖；然而，如果是意圖造成病患死亡，那麼就不允許對其施藥。在某些情況下，可以允許在戰爭中針對軍事設施發動攻擊，同時預見這個行動會造成一些平民的傷亡（即可怕的美化詞「連帶損害」）；但是並不允許刻意針對平民的軍事行動。

不論我們是否意識到，但是雙重效果論顯然在我們日常生活中，對從極嚴重的大事到雞毛蒜皮的小事，哪些事情可以做或不可以做，都扮演了重要的角色。誠如哲學家安東尼・肯尼爵士（Sir Anthony Kenny）所說的：「指派A擔任教授而不指派B，因為A是最好的人選，同時知道B會生氣，這跟指派A而不指派B純粹只是為了讓B生氣之間，當然是有差別的。這兩種情況，我都見過。」[5]研究顯示，大部分的人確實在直覺上覺得雙重效果論有用（詳見第九章）。

然而，不是每個人都相信雙重效果論。美國哲學家湯瑪斯・史康龍（Thomas Scanlon）就說，倡導雙重效果論的人應該有責任舉證我們為什麼要把它當一回事。「從來就沒有人……提出一個令人滿意的理論來解釋為什麼……意圖與只是預見的後果之間的差異……在道德上也應該有所不同。」而且，在實際上也有人擔心雙重效果論會成為跳過或是規避責任的藉口，尤其是以國家為名採取的行動。如果國防部長下令針對某個邪惡的敵人採取高效的突襲行動，卻說：「我知道會有村民在轟炸中喪生，這是我們行動的副作用，對此表示遺憾。」這樣我們就滿意了嗎？

雙重效果論

雙重效果論的公式可以更精確，通常認為包含四個組成元素，只不過這個

公式並非舉世都可以接受的。雙重效果論可以應用在下列的幾種情況：

- 被視為與其所導致的有害結果無關的行動本身不是錯誤的行為；
- 採取行動的人是基於善意，而且不論手段或目的都非意圖為害，儘管個人可以預見行動帶來的損害；
- 沒有其他可以達成善意行為又不會造成有害結果的方法；以及
- 有害結果並不會不成比例地大於原來的善意。

針對某個軍事設施發動攻勢可以是合理的行動，正是應用了雙重效果論的解釋。如果攻擊某個設施且預見會造成連帶損害是合法的行動，那麼根據雙重效果論，必須符合以下的條件：①攻擊此軍事設施的行動本身不能是錯誤的；②此行動的意圖必須是攻擊此軍事設施，而不能是造成連帶損害；③沒有其他不會造成連帶損害的攻擊方式，來攻擊此軍事設施；④連帶損害所造成的惡與攻擊此軍事設施所造成的善不可以不成比例。

・醫院裡的謀殺

電車學的研究方法包括構想出各種不同的電車情境，並且留意這些情境所引發的（較為）強烈道德直覺，然後再試著找出一個（或多個）可行的原則，來統一或是解釋這些直覺。這個原則本身應該具備直覺上的可行性，不應該讓人覺得太武斷或無常；一旦確認之後，這個原則就可以移植到實際的生活中，用來解決真正的難題。

雙重效果論就是解釋我們這種直覺的一種可能途徑。為了探索雙重效果論的效度，菲莉帕・芙特在她的文章中舉出了幾個想像的思想實驗，其中最古老的一個是關於一個胖子，不過並不是在本書中擔綱演出第一男主角的那個胖子。這個較早出場的胖子是卡在洞穴裡的，他的頭在洞穴外，所以他可以呼吸，但是他身後還有一群深入洞穴探險的人困在裡面出不來。「顯然，」芙特寫道，「最正確的做法就是坐下來，等那個胖子變瘦；但是哲學家又設想了洪水來襲，導致洞穴裡的水位上漲。」你手上有一管炸藥。問題是，你可以用它來炸掉胖子嗎？

至於電車，則是文章的到第二十三頁才粉墨登場。事實上，原本文章中的那輛車跟平常看到的電車難題在細節描述上有些不同：芙特要我們想像那個面對這個難題的人不是站在鐵軌邊的旁觀者，而是實際開電車的司機。另外一個比較無關緊要但是也值得一提的細節，則是那個交通工具並不是一列火車，而是一列沒有什麼威脅性、速度緩慢的無軌電車（tram）。芙特寫這篇文章的時候，大部分開發中國家都已經看不到無軌電車了。在人類發明的交通工具之中，無軌電車堪稱是最安全的一種，失控的意外並不常見，不過這兩百年來最受推崇的建築師，加泰隆尼亞的現代主義大師高第（Antoni Gaudi），卻是一九二六年在巴塞隆納準備要去教堂告解的途中，遭到一列無軌電車撞倒，幾天之後就不幸身亡。（在後續的偵訊中，那名司機說他看到一個貌似流浪漢的人穿越道路，根本沒有時間減速。）然而，芙特在設想這個問題時，想到的是「無軌電車」，而不是「火車」，只不過在跨越大西洋之後就美國化，成為美式的有軌電車（trolley），因此才會有後來的電車學（trolleyology）。（可是對英國讀者來說，這個字眼並不妥當，因為講到trolley，他們會聯想到在瘋狂大搶購時堆滿了烤豆子罐頭和洗衣粉的超市手推車。）

我們稱做岔路難題的那個場景，讓電車（不論是有軌或無軌）轉向，拯救五個人的性命，似乎是正確的做法，儘管會有一個人因此喪命。芙特拿她這個場景跟另一組兩個案例相提並論，這些案例的情況大致如下。想像我們手上有大量的藥，可以全部用在同一個病人的身上救他一命，也可以平均分配給五個只需要五分之一劑量的病人，拯救五條人命，那我們應該怎麼辦？同樣的，芙特覺得我們可以拯救五條人命，儘管會有另外一人死亡。現在，再想像一下器官移植的案例。假設有五名重症病患，全都急需要器官移植：兩個人需要腎臟，兩個人需要肺臟，一個人需要心臟；除非今天就能找到器官可供移植，否則他們全部都會死掉。在幸運之神的眷顧之下，剛好有一名無辜又健康的年輕人走進醫院要做例行的身體檢查，他的血型又正好與這些病患匹配。外科醫生應該了結他的性命，從他身上取出器官，移植到那五個命在旦夕的病人身上嗎？我們應該會覺得這樣的建議很駭人聽聞吧。[6]

我們即將要看到的那個胖子，他演出的劇情也差不多是同樣的難題。問題是，在這兩種案例中，我們的道德反應為什麼會差這麼多？在岔路的情境中，犧牲一個人的性命來拯救五個人，在道德上似乎是可以接受的；但是在器官移植的情境中，卻又不可以。這些案例中有個令人感到不安的層面，就是儘管大多數人對這些案例都立刻會有強烈又不可動搖的反應，但是他們通常都無法說明為何會有如此強烈的反應，也無法輕易地找到一個清楚的理由來說明他們為何對這二者會有不同反應。

然而，雙重效果論似乎就提供了這樣的一個理由。畢竟在岔路情境中，我們並沒有想要殺死那個胖子的意圖，然而我們確實想要殺死那個健康的年輕人，然後用他的器官來拯救五個病人的性命。在岔路情境中，如果在我們讓火車轉向之後，鐵軌上那個人終究掙脫束縛，在千鈞一髮之際逃掉了，那麼你也會替他感到高興，因為你不只避免了讓火車撞到五個人，而且也沒有任何人因此受到傷害。但是對那個健康的年輕人來說，你卻要求他必須死亡。如果他看到一名護理人員拿著棍棒逼近，心生懷疑，並且成功脫逃的話，那就表示另外五個人必死無疑。他的死亡是拯救那五個人的方法。

我們稍後還會再討論到箇中差別。可是芙特相信，我們不必訴諸雙重效果論來解釋我們在這些情境中的直覺，她提出了另外一個解釋。她說，我們每個人都有消極責任與積極責任。消極責任是指不干預他人性命（比如殺死他們），而積極責任則是要幫助他人。在她的岔路難題中，面對難題的是開車的司機（而非路人），既然司機想必是啟動火車的那個人，他就必須在殺死一個人或是五個人之間做出可怕的抉擇，而前者顯然比後者要好。然而，在醫院的情境中，儘管醫生有積極責任要救五個病人的性命，卻跟不要傷害健康病患的消極責任發生衝突，而且後者比前者更重要。

芙特在後續發表的文章中又繼續闡述她認為重要的關鍵為何。在岔路難題中，只是讓已經存在的威脅轉了個方向；失控的火車是一個會移動的威脅，我們所做的事情，可以說只不過是將這個威脅輕輕推到一旁。但是在醫院案例中，奪走一個年輕人的性命，反而製造了一個全新的威脅。

這樣的解釋是一個還算不錯的嘗試，但是這樣說對嗎？菲莉帕・芙特解決她自己的難題了嗎？

註釋

1 註：哲學家與火鉗之間又有什麼故事呢？有關火鉗行動一事，請參閱愛德蒙茲與艾諾合著的《維根斯坦的撥火棒》。

2 註：有學者指出，門徒保羅在《羅馬書》第三章第八節中說，我們不應該「行惡以成善」，就是響應雙重效果論的聖經原則。

3 註：與本書作者的訪談。

4 註：芙特，《善與惡》（*Virtues and Vices*），二〇〇二年，二〇頁。儘管電車學的始祖事實上大多為女性，但是她們文章中所使用的語言依然反映出當時的性別偏見。

5 註：與本書作者的訪談。

6 註：改編自芙特的《善與惡》（*Virtues and Vices*），二〇〇二年，第二四至二五頁。

Chapter 5

胖子、環狀軌道與轉盤

永遠都要記得：個人才是目的，
千萬不要利用個人做為達到目的的手段。

——康德

我就是那個人，那個胖子，
那個在工人的啤酒裡摻水的人。

——綜藝雜耍表演的歌曲

不想當胖子，人家會把我當做笑柄；
寧可當個瘦子，很高興可以繼續瘦下去。

——〈胖子〉，伊恩．安德森（Ian Anderson）創作，
傑叟羅圖樂團（Jethro Tull）演唱

電車學的列車是由菲莉帕・芙特啟動的，但是真的讓這列電車全速衝刺、發揚光大的人，卻是麻省理工學院的哲學家茱蒂絲・賈維斯・湯姆森（Judith Jarvis Thomson）。她受到芙特的思考實驗啟發，寫了不只一篇，而是兩篇影響深遠的文章，她稱為「電車問題」[1]。

第一篇文章裡有許多她自己新創的思考實驗，其中涉及八個虛構人物，依序分別是艾爾菲烈德（A）、柏特（B）、查爾斯（C）、大衛（D）、法蘭克（F）、喬治（G）、哈利（H）與歐文（I），他們全都面臨生死交關的問題。痛恨自己妻子的艾爾菲烈德在她的咖啡裡加入清潔劑，殺死了她；而同樣痛恨自己妻子的柏特則是看到她在咖啡裡誤加了清潔劑（她以為那是奶精），而且明明有清潔劑的解藥，卻沒有拿給他太太──見死不救。

不過到了第二篇文章，湯姆森才加入了出現在本書標題中那個體型粗壯的角色。

芙特在原本的岔路難題中，提出兩個選項做為對照：一個是陷害無辜之人，解救五名人質；另外一個則是殺死青年，取其器官，去救五名病患。而湯姆森則加入了另外一個電車難題，讓這個對比更鮮明。

這一次，你站在可以俯瞰電車鐵軌的天橋上，看到一列電車轟隆隆地沿著鐵軌飛奔而來，而電車前面的鐵軌上則綁了五個人。這五個人還有救嗎？同樣的，在道德哲學家的巧妙安排下，他們當然都有機會獲救。有個很胖的人正好趴在欄杆上看電車，如果你把他推下天橋，讓他掉落在鐵軌上，他肥碩的體型正足以讓電車停下來。不幸的是，在這個過程之中，這個胖子會死掉，不過卻可以拯救五條性命。

你會殺死那個胖子嗎？你應該殺死那個胖子嗎？

特別指出此人的體型肥碩並非無的放矢。如果任何體型的人都可以阻擋電車，而你又正好站在這個胖子旁邊的話，那麼最恰當的做法想必不是把胖子推下去，而是你自己跨越欄杆，從天橋一躍而下，犧牲自己才對。這才是勇敢而無私的行為，只不過以這個例子來說，此舉卻是徒勞無功，因為根據命題假設，你的體型並不足以阻擋列車。

就算此人的體型是這個思考實驗中的必要元素，就算他只是個虛構的人

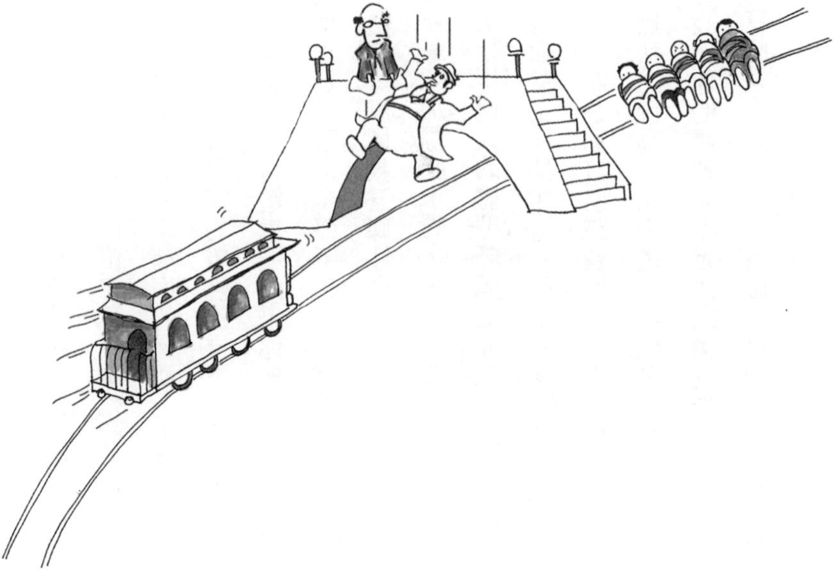

圖二：胖子難題。

你站在可以俯瞰電車鐵軌的天橋上，看到一列電車轟隆隆地沿著鐵軌飛奔而來，而電車前面的鐵軌上則綁了五個人。這五個人還有救嗎？同樣的，在道德哲學家的巧妙安排下，他們當然都有機會獲救。有個很胖的人正好趴在欄杆上看電車，如果你把他推下天橋，讓他掉落在鐵軌上，以他肥碩的體型正足以讓電車停下來。不幸的是，在這個過程之中，這個胖子會死掉，不過卻可以拯救五條性命。你應該把那個胖子推下去嗎？

物，但是仍然有些人認為強調他的體型似乎有些不妥。湯姆森在一九八五年的文章中才讓這個胖子登場，可是當時的學術界早就習慣了對於偏見和用語必須特別敏感，下筆也要格外謹慎，尤其是牽涉到種族、宗教、性別與性傾向的話題。然而，當時肥胖還不算是自我認同的一個歧視族群，因此也沒有必要在語言上太過嚴厲審查。不過到了二〇一二年，有個英國的立法機構卻建議，稱呼他人肥胖必須被視為「仇恨犯罪」。因此，在許多電車學的文章中，這個胖子就在體型上，或者至少在概念上，經過了一番改造：有人稱為「大塊頭」或是「重量級」甚或「腰圍可觀」。甚至，為了避免傷害到那些容易受創的玻璃心，還有人發明了一個幾乎是全盤複製的哲學問題，卻完全不需要提到這個可能遇害之人的體態是否發福。這一次在天橋上，你旁邊那個人是背了一個很重的背包，他的體重加上背包，就足以阻擋電車。當然，因為事態緊急，你也沒有時間將他的背包卸下來背到自己身上，再從天橋跳下來。唯一拯救那五個人的方法，就是將他連人帶背包地推下天橋。

然而，不管如何形容這個人——在本書中，我還是以傳統的標籤稱呼他為胖子好了——看起來好像「雙重效果論」又有助於解釋這個典型的道德直覺：我們可以將電車引導到岔路上，卻不能將胖子（或是背著背包的人）推下去。正如前文所述，在岔路難題中，你並不是故意殺死鐵軌上的那個人。可是在胖子難題中，你卻**需要**這個胖子（或是背著背包的人）去擋在電車與那五個命在旦夕的人之間；如果他不在那裡，這五個人就必死無疑。他是你達到目的的手段，而目的正是讓電車在輾死那五個人之前停下來。如果那個胖子可以自願跳下去的話，那真是崇高的犧牲[2]；可是如果你伸手將他推下天橋，那麼你就是將他視為物體而非有自主能力的人，利用他達到你的目的。

然而，湯姆森跟菲莉帕・芙特一樣，知道不能全靠雙重效果論來解釋箇中差異，因此她想訴諸「權利」的概念。她跟芙特一樣，也很關注當時最熱門的議題——墮胎，而且也已經在她針對這個話題出版最著名的一篇文章〈為墮胎辯護〉（A Defense of Abortion）中，採用了權利理論。這篇文章假設了一種情況。有一天早上你醒過來，發現自己躺在一位赫赫有名的小提琴家旁邊，兩人的身上都連著機器。這位小提琴家罹患致命的腎臟疾病，因此愛樂者協會在發現只有你的血型跟他相符，可以助他一臂之力之後，就將你們兩人都連接到一個新奇的機器上，讓他也可以使用你的腎臟。醫護人員跟你解釋說，很不幸地，如果拔掉連在小提琴家身上的機器，他就會死掉，不過也不用太擔心，這種尷尬的情況只需持續九個月，到了那個時候，他就可以恢復正常，然後你們兩人就可以分道揚鑣了。湯姆森認為，你可以非常好心地同意讓小提琴家跟你的身體連接在一起，但是無論是他或醫院都沒**權利**要求你這樣做。

同樣的，湯姆森也在胖子的案例中訴諸權利理論。將胖子推下天橋，會侵犯到他的權利，但是將電車引到岔路，卻沒有侵犯到任何人的權利。「如果我們讓突如其來的重擔落在五個人的身上，而不是將此重擔轉移到一個人的身上，在道德上是說不過去的。」旁觀者將電車引到岔路，不只將死亡人數減到最低，同時也將「已經威脅到人命的意外所導致的死亡人數」減到最低。

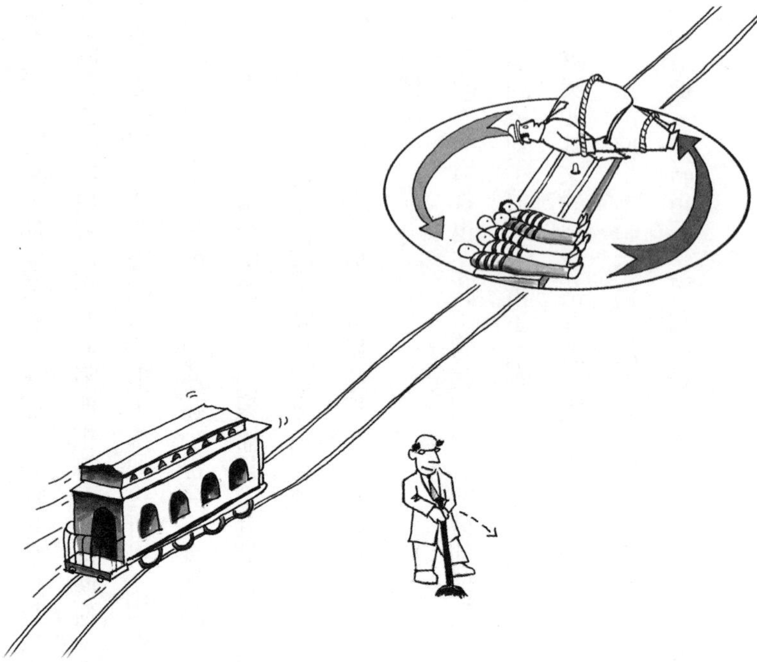

圖三：轉盤難題。
在轉盤的案例中，你可以將轉盤旋轉一百八十度，拯救五個人，不過如此一來，就會產生一個不幸的結果：會有另外一個人在鐵軌上，直接遭到電車撞擊。你應該轉動那個轉盤嗎？

請注意這個理論與芙特的觀點之間的異同。芙特認為，在岔路情境中，只是轉移已經存在的威脅，而將胖子推下天橋則會製造出一個全新的威脅。這樣的差別聽起來合情合理，感覺上，好像在道德上應該有些重要性。然而有位電車學家[3]卻堅稱沒有差別，她用轉盤難題來證明這一點。

在轉盤的例子中，你可以將轉盤旋轉一百八十度，拯救五個人，不過如此一來，就會有另外一個人在鐵軌上，直接遭到電車撞擊。然而，發明這個情境的學者卻說轉動轉盤在道德上是可允許的——儘管這樣做並沒有轉移已經存在的威脅，而且對那個會被撞死的人來說，也製造了一個全新的威脅。

或許你沒有同樣的直覺。但是如果你有的話，那麼我們就要繼續尋找另外一個原則，來解釋我們在胖子和岔路情境中的直覺。可是，用雙重效果論來解釋，又有什麼問題呢？為什麼湯姆森不直接訴諸雙重效果論就好了呢？這是因為她發明了一個稱為「環狀軌道」的電車問題。

在你面臨岔路難題，對於要不要將電車引到岔路上的問題，痛苦糾結了好幾個星期之後，最後終於做了正確決定：將電車轉向。可是在這段期間，

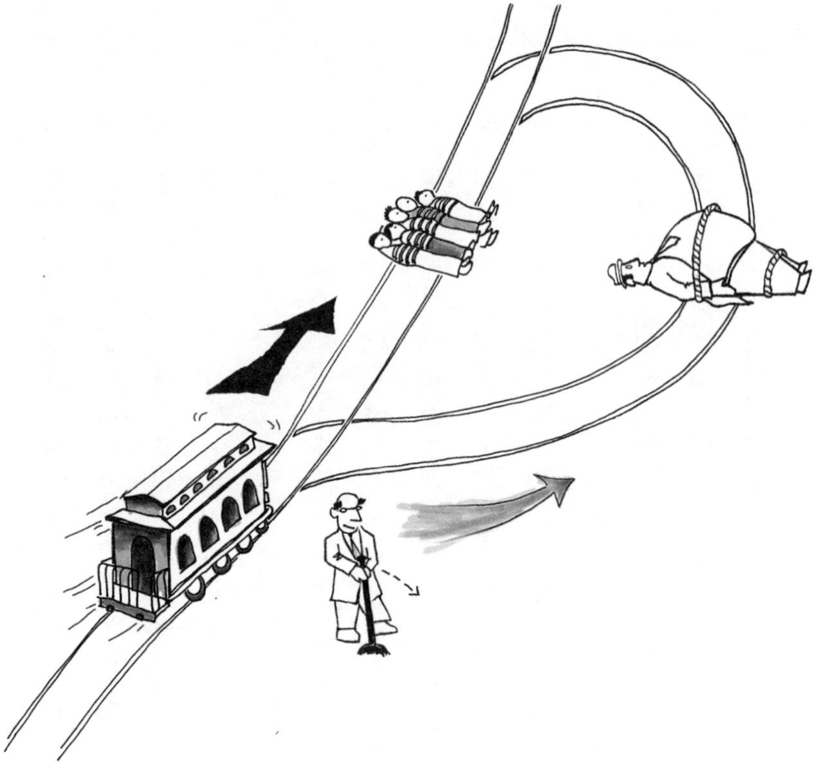

圖四：環狀軌道難題。

電車朝著五個人直衝過來，剛巧這五個人的體型都很瘦小；如果電車撞到他們，他們全都必死無疑，但是他們加起來的體重卻仍然無法阻擋電車。你可以將電車引導到環狀軌道上，那裡有個胖子，他一個人的體重就足以擋住電車，避免電車繼續向前衝，繞過環狀軌道，又撞死另外五個人。你應該將電車引導到環狀軌道上嗎？

鐵路工人加緊施工，延長了岔路，讓岔路最終又繞回了主要軌道。於是，當你再一次出門散步，走到鐵路旁邊，赫然發現自己又面臨類似的夢魘，不過這一次有些許的修正。在環狀軌道中，火車朝著五個人直衝過來，剛巧這五個人的體型都很瘦小；如果火車撞到他們，他們全都必死無疑，但是他們加起來的體重卻可以擋住火車。你也可以將火車引導到岔路上，那裡有個胖子，他一個人的體重就足以擋住火車，不讓火車繼續向前衝，繞過環狀軌道，又撞死另外五個人。這裡就出現了關鍵的差異。在岔路情境中，如果那個單獨被綁在鐵軌上的人可以自行脫逃，那麼套句德國哲學家萊布尼茲（Gottfried Leibniz）不無諷刺的話：「世界真是太美好了」[4]。可是在環狀軌道的情境中卻並不是如此。在環狀軌道中，如果岔路上的那個人消失了，那麼五個瘦子就會沒命；這一次，你真的需要他死，才能解救五個人免於一死。因此，火車撞上那個人肯定是你計畫中的一部分。

然而，湯姆森繼續寫道，如果我們都同意在岔路情境中可以這樣做，就算不是非得這樣做不可，那麼在環狀軌道的情境中，也同樣可以這樣做，因為就像她所說的，「我們無法假設多出來的那段鐵軌是否存在，對於這些案例中的人可能會採取什麼行動，有重大的道德差異。」

如果湯姆森的說法成立，那麼雙重效果論就不能成為解釋岔路與胖子這兩個案例之間差異的原則了[5]。因為在環狀軌道中，我們不只是預見了那個胖子的死亡，甚至是需要胖子死掉；因此，我們意圖讓他死亡。將火車引導至環狀軌道與雙重效果論相互矛盾。

如此一來，我們好像又回到原點。我們已經找到一個共通的直覺：殺死一個人有時候也是錯的，即使是為了拯救五條性命。我們可以把這個直覺當成原則嗎？如果這樣做的話，等於是把我們帶回到了十八世紀普魯士帝國的遙遠哨站柯尼斯堡（Königsberg）了。

註釋

1 註：兩篇文章分別是一九七六年登在《一元論》季刊（*The Monist*）的〈殺人，見死不救和電車問題〉（Killing, Letting Die and the Trolley Problem）以及在一九八五年《耶魯法學期刊》（*Yale Law Journal*）的〈電車問題〉（The Trolley Problem）。二者均收錄在湯姆森一九八六年的著作《權利、賠償與風險》（*Rights, Restitution, and Risk*）。

2 註：哲學家麥克馬漢特別跟我指出，即使這個胖子自己從橋上跳下去，他也是利用自己——以康德的話來說——做為達到目的的手段而已。康德觀點的問題出在其似乎譴責自我犧牲，然而沒有哪位哲學家，無論是康德學派或其他學派的哲學家，可以主張不容許任何人為了他人犧牲自己。

3 註：法蘭西絲・卡姆（Frances Kamm）。

4 註：萊布尼茲（一六四六至一七一六年），德國數學家、哲學家。法國啟蒙作家伏爾泰（Voltaire）在《憨第德》（*Candide*）劇中的角色潘洛斯（Pangloss），含蓄而諷刺地影射了萊布尼茲。

5 註：值得注意的是，湯姆森本人曾經多次探討電車問題，也提出四種截然不同的反應。到最後，她的結論是，將火車引導至環狀軌道是錯的，而且有更甚者，連將火車引到岔路也都是錯的。

Chapter 6

定時炸彈與柯尼斯堡的賢士

用人性的扭曲木材，
做不出正直的東西。

——康德

有一名十一歲的男童遭到綁票。最後一次看到他，是在學校放秋假之前的最後一個上課日，看到他從三十五路公車下來，準備要回家。現在，他失蹤了三天，一般認為已經有生命危險。警方逮捕了一名主要嫌犯，他是在取得一百萬歐元的贖金之後落網的。綁匪在那個男孩家的大門口留了一張字條，勒贖一百萬歐元，雙方同意在星期天晚上，將贖金放在電車站裡。可是那個人收了贖金之後，並沒有釋放人質，反而將一百萬歐元揮霍殆盡，不但訂了海外旅行，還訂了一輛C級的賓士轎車。

警方已經相當確定他們逮到了犯人——一名身材高大，體型壯碩的法律系學生，先前曾經擔任那個男孩的家教老師。現在他們急需要找到那個男孩，因為他們不知道還有多少時間可以救他，不知道他是不是被關在沒有水和食物的地窖裡？於是警方開始偵訊那名法律系學生，時間一分一秒過去，滴答、滴答、滴答。他們還動員了一千名警力，加上直升機與追蹤警犬，鋪天蓋地的尋找人質，結果一無所獲。經過七個鐘頭的漫長偵訊之後，嫌犯依然沒有透露男孩的下落。

負責本案的警方寫下指令交給偵訊人員：他們威脅嫌犯，說準備要動用刑求。他們跟嫌犯說，有一名「專家」正要搭機趕來，他的工作就是要在嫌犯身上施加難以想像的痛苦，直到他們獲得所需的資訊為止。

此舉突破了嫌犯的心防，他供出了拘禁那個男孩的地點。

・一股冷風

這個綁架案發生在二〇〇二年的德國。綁匪是曼格尼斯・葛芬根（Magnus Gäfgen），一名二十多歲的法律系學生，被害人是富家子弟約伯・凡・麥茲勒（Jakob von Metzler），他的父親負責經營德國一家最古老的家族銀行。

這個故事的結局並不完美。葛芬根面臨可怕的酷刑，在壓力之下，他跟警方說他們可以在法蘭克福附近的一座湖泊裡找到約伯。警方趕到時，發現了那個男孩的屍體。他早就遇害，用塑膠袋包起來，裝在一只麻袋中，身上還穿著他最後被人看到時的藍色上衣與卡其色長褲。

這個案子之所以成為一樁名案，不只是因為約伯的家庭背景，更是因為刑求威脅後來浮出枱面。法蘭克福警察局副局長沃夫岡・達許納（Wolfgang Daschner），也就是寫下「刑求」指令字條的人，事後接受眾多媒體的採訪。當時他面臨嚴峻的抉擇，他說，「我可以什麼事都不做，等著葛芬根也許最後會決定吐露事實，而同時，那個男孩死掉；或者我也可以盡一切所能，避免這樣的事情發生。」[1]

顯然，刑求的威脅並不是一張空白支票。有一名武術教練曾接到電話：警方相信，他們有辦法讓嫌犯受苦，但又不至於造成長期的身體傷害。

達許納的行為引起了憤怒的聲浪。一名綠黨的國會議員警告說：「如果你開了這扇窗，即使只是一道小縫，中世紀的冷風也會吹進來，充斥整個房間。」[2]可是也有人聲援達許納，而且民調顯示多數的德國人認為，如果能夠拯救一條性命，那麼這樣的威脅還算是合理的手段。在法院審理過程中，葛芬根的律師試圖以刑求威脅為理由，要求法院撤銷此案，據說，在場旁聽的人發出不滿的聲音：「真讓人不敢相信，他要替這個傢伙爭取多少權利？」[3]而在人權團體咆哮的聲音之中，達許納批評道：「沒有任何一個人可以跟我說我應該怎麼做。」[4]

・無害區

沒有義務論，就不會有電車學。

義務論主張，有些事情，你無論如何就是不應該做，例如刑求。我們永遠無法從一個完全客觀的角度來看待道德。個人的福利不應該被攪進一鍋福利湯的大染缸，然後就在湯裡融解。我們不應該刑求某人致死，就算可以拯救五條人命——即便從效益主義的角度來說，可以促進全體人類的幸福。有些義務論者也是道德絕對論者，對他們來說，不管什麼理由，都不能將刑求合理化。不過大部分的人都可以接受，在特定的情況下，是可以罔顧義務論的限制，比方說，當地球的未來面臨危機時。

在義務論的歷史上，有位十八世紀的教授占有中心地位，也就是柯尼斯堡的精神導師，康德。（柯尼斯堡是當時在東普魯士的一個城市，現在成了俄羅斯的飛地，並重新命名為克里寧格勒〔Kaliningrad〕。）康德在許多哲學領域都有卓越的貢獻，而不只是在倫理學。他是有史以來最偉大的形上學家之一，始終關注人類對於現實能夠知道與理解的極限。

有鑑於他的重要地位，我們可能會以為有關他生平的傳記會汗牛充棟，壓得圖書館裡的書架喘不過氣來；事實上，像這樣的書籍少得可憐，最大原因是因為康德的一生出奇的規律而且平淡。他就讀於柯尼斯堡大學，後來也留校任教。有關他在柯尼斯堡的生活，幾乎沒有哪個記錄不曾提到一個極可能是偽造的稗官野史，說該市的市民總是根據他的行動來調整手表，因為他每天下午四點半準時出門散步，在街上來回走八趟；唯一遲到的一次（很可能又是另外一個虛構的故事），就是他收到盧梭那本有關教育的小書《愛彌兒》(*Émile*),一時看得入神,忘了時間。

康德認為,人絕對不能僅僅被視為達成其他目的的一種手段;這一點,在他的「定言令式」(Categorical Imperative)中已經表達無遺。(他有好幾條定律,這只是其中之一。)定言令式是絕對的道德要求,適用於任何時間、任何情況,所有其他的責任與義務都由此而生;康德相信,只要我們動用理性,就會產生定言令式。他的定言令式還有一個相關的版本,也就是第二形式,主張我們對待其他人時,「絕對不能僅僅視其為達成目的的手段,同時永遠都要視其為目的。」

說起來簡單,不過在特定的情況下,無論是實際或是想像中的情況,卻很難行得通。然而,他的影響力卻遍及各處,如果沒有康德,現代的人權運動幾乎是無從想像。(其中最反諷的一次肯定就是亞道夫・艾希曼了,這位一手主導將猶太人大規模運送到集中營的納粹戰犯,一九六一年在耶路撒冷受審時,還引述康德的定言令式來替自己的行為辯護。)[5]

有很多人試圖提出詳細的說明,解釋人類為何要被包覆在這樣一個道德的甲殼，一個神聖不可違抗的保護罩內。其中一個就是菲莉帕・芙特。

拒絕接受為了多數人的好處就自動犧牲一個人的權益，有這樣的道德存在……才能確保每一個體都擁有某種道德空間，一個其他人**不准**侵犯的空間。原則上，一個人不應該希望有什麼不幸、嚴重的不幸災難，發生在另外一個人身上，即使是為了避免更多人遭遇同樣的損失；這樣一個原則背後的理由，並非晦澀難懂。如此一來，似乎就定義了人類之間的某種團結，彷彿在某種程度上，就不會有人**站出來對抗**他的同胞。

如果有什麼絕對的道德標準，像是某種告訴我們某些行為永遠都是錯的、永遠都不能做的規則，那麼其中一條，肯定就是禁止刑求。

・時鐘與老生常談

如果你翻閱道德哲學文獻的某個章節，肯定會聽到時鐘滴滴答答的噪音響個不停。這個滴答作響的時鐘，正是道德學家在論辯是否可以允許刑求時，最喜歡拿出來討論的一個情境。有個恐怖分子落網了，你知道他在某座大城市裡安裝了一顆小型原子彈，再過兩個鐘頭就會引爆。這名恐怖分子不肯告訴你炸彈放在哪裡，除非你動用刑求，從他身上獲得資訊，否則會有數以千計的民眾遇難。這時候你該怎麼做呢？

在九一一恐怖攻擊事件之後，大家都知道在這個世界上顯然有一群人下定決心要進行大規模的屠殺，因此這顆道德論辯的定時炸彈就在公眾領域的現實生活中出現了。有位傑出的法學教授艾倫・德修維茲（Alan Dershowitz）就寫了一本書，震驚了自由派的學者；他在書中提出了「刑求許可證」的觀點，認為在某些極端的情況之下，政府應該允許偵訊人員動用刑求。此後，就出現了一些廣為宣傳的刑求醜聞，例如對基地組織的間諜哈立德・赫克・穆罕默德（Khalid Sheikh Mohammed）施以水刑，據信他就是九一一暴行的幕後主使者。

針對這樣的定時炸彈案例，義務論者有五種回應方式。

第一，有人否認這種定時炸彈的情境可能出現在現實生活中。在現實中，威脅通常都不會如此的迫切：不會有特定的截止時間，而且威脅也不是完全無法避免。在現實生活中，我們無法確切地知道將會有人喪生。更何況，刑求很可能會無效，或者更慘的是出現反效果，罪犯提供假的供詞。也許會有其他合法的方式找出可靠的資訊，或是用其他的方法來解決危機。[6]

第二，有些義務論者準備全盤接受絕對道德論立場的邏輯，他們持續否定可以允許刑求，不論有多少人可以因此獲救。

第三，或許這也是種標準的看法，有些義務論者主張，如果不刑求某人的後果真的會造成大災難（比如數以千計的人因此罹難），那麼就可以忽略禁止刑求的限制。

第四，有一些義務論者認為，如果刑求是獲得關鍵資訊的唯一方法，那麼安裝定時炸彈的恐怖分子本來就應該受到刑求，換言之，對此人的刑求可以不受限制。這倒不是因為爆炸可能導致的後果比任何限制更重要，而是因為這名恐怖分子的行為，已經讓他喪失了不受刑求的權利；就算他安裝的炸彈只威脅到一個人的性命，對他刑求也是可以接受的。

第五，還有一些人則是打定主意，完全拒絕參與討論這樣的情境。他們相信根本就不應該討論刑求是否可以合理化：光是提出這樣的可能性，就足以反映出人心的邪惡與文化的墮落。有位哲學家就說：「就某種程度來說，社會是由什麼話題不能討論來定義的。比方說，在我們的社會中，就不能討論可不可以蓄養黑奴……我們認為不能討論的事情，就是那些我們認定沒有兩面性的事情。」[7] 刑求正是這樣的一件事，也就是只有一面的議題。

在現實生活中，葛芬根綁票案大概是最接近定時炸彈這種老生常談的場景了，不過即使是本案也並非與假設的情況完全一致，因為事後證明，就算刑求綁匪也無濟於事，因為約伯早就已經遇害，所以也就沒有人可以救。話雖如此，還是充分顯示出倫理學中的義務論與結果論之間的衝突。

這樣的衝突在文學中是常見的比喻。古希臘劇作家尤里皮底斯（Euripides）的悲劇《奧利斯的伊菲貞妮亞》（*Iphigenia in Aulis*），重心就是亞格曼儂（Agamemnon）的抉擇，決定是否要犧牲他的大女兒伊菲貞妮亞。如果他犧牲女兒的話，女神阿蒂米斯（Artemis）就不再出手阻撓，放出強風，讓亞格曼儂的船隊離開港口，載送軍隊出發與死對頭特洛伊決一死戰，同時也可以終結叛變的威脅。（伊菲貞妮亞最後自我犧牲，解決了這個難題。）

杜斯妥也夫斯基（Dostoyevsky）也在小說《卡拉瑪助夫兄弟們》（*The Brothers Karamazov*）裡藉由筆下角色伊凡對他弟弟說了以下的這番話：

你直截了當地跟我說吧，我請你——好好的回答我：假設你正要與建一棟與人類最終命運息息相關的大廈，其目的是為了讓所有的人最終都能享有快樂，給他們和平與安寧，但是為此，你卻不可避免地要折磨一個小生命（一個小孩子），用她得不到回報的眼淚為你這棟大廈打好地基。在這樣的情況下，你還會同意擔任這棟房子的建築師嗎？

電車問題講的正是這樣的難題。電車學裡引用的雙重效果原則相當清楚，以專業術語來說，就是非結果論，因為這個原則主張，即使兩種行為都會導致一模一樣的結果，其中還是有所區別。雙重效果論還有好幾個義務論的手足。許多哲學家認為，我們還是可以區分消極義務與積極義務，主動與被動（動手殺人和見死不救），有所為與有所不為。此外，菲莉帕・芙特也認為，因為沒有捐錢給慈善機構而導致無法拯救一條人命，其罪過還是遠遠比不上真的動手殺了一個人：「如果為了某種像是買一件好的冬季大衣的享受，而去謀財害命，與因此而拒絕捐錢給樂施會或關懷基金會等慈善組織，我們不太會覺得二者的糟糕程度相同。」

那些不接受這種區別的人，多半會用以下的兩個例子做為反駁的策略。這兩個案例之間，除了上述的區別之外，在其他各方面的細節都一模一樣，而且他們認為沒有哪個心智正常的人會認為這兩個案例在道德上有什麼顯著的差別。

那麼，且讓我們來看看有所為與有所不為之間的差別吧。我們聽說，某些行為比某些不做為要更壞；據此，動手殺人比見死不救的罪過更大。可是現在假設有兩個人，就分別叫做史密斯與瓊斯好了，如果他們的姪子死掉的話，他們都可望繼承一大筆財富。有一天晚上，史密斯趁著他姪子在洗澡的時候，潛入浴室，將他溺斃，並且偽裝成意外的樣子。而在另外一個案例中，瓊斯也潛入了姪子的浴室，正準備要動手時，那孩子突然滑倒，撞到頭，結果自己在浴缸裡淹死了，而瓊斯卻袖手旁觀，眼睜睜地看著他死。二者之間在道德上看似沒有區別，不過史密斯採取了行動，而瓊斯則是不做為（見死不救）；因此，根據這樣的論點，我們可以推論出，有所為與有所不為之間並沒有基本上的道德差別。[8]

這樣的例子可以視為對「有所為與有所不為」與相關差別的有力攻擊。如果這樣的攻擊可以成立的話，就會產生深遠的影響，因為誠如哲學家彼得・辛格（Peter Singer）所說的，不論我們是在知情的情況下不去拯救一條性命，或是真的動手殺了人，二者的罪過都相同。然而，那些堅持這二者在道德上是有區別的人卻有相當巧妙的回應。他們說，不能因為這樣的區別在**某些情況**下無關緊要，就表示它**永遠**都無關緊要。就算我們接受史密斯與瓊斯的罪過都一樣大，這也無法證明就算在其他條件都一樣的情況下，所有的「有所為」與所有的「有所不為」在道德上也都是一樣的。

美國哲學家法蘭西絲・卡姆就接受這樣的辯解。[9]那麼，現在的問題就在於，這樣的差別在什麼時候有意義？什麼時候沒有意義？要回答這個問題，就必須先解釋，為什麼這樣的差別在某些案例中有道德上的意義，在其他案例又沒有？

・從卡姆的規範角度來看

史上最出名的電車受害者，加泰隆尼亞的建築師高第，以其華麗繁複的裝飾與新哥德／巴洛克風格的設計聞名。

他未完成的作品「聖家堂」，以古怪甚至有點駭人的尖角，彷彿裝飾著珠寶的巡弋飛彈，吸引了數以百萬計的旅客前來觀光。如果有哪位哲學家的行事作風最接近高第，那麼就非法蘭西絲・卡姆莫屬了。本身是個夜貓子的她，經常熬夜工作，辛苦地構思種種思想實驗直到天際泛白。「我覺得我好像陷入一個充斥著差別的世界裡，都是別人不曾看過或者至少是我沒有看過的差別。我就這樣深深地著了迷，就像是迷上了一幅美麗的圖畫一樣。」[10]

卡姆在構思一套規範我們可以或是不可以如何對待他人的原則組合時，提出（也批判）一些宛如巴洛克風格般令人眼花撩亂的原則，繁複的原則層層疊疊地堆上去，其中包括了數量豐富的原則：其他理由原則、情境互動原則、倫理誠信原則、工具理性原則、不相干的善意原則、不相關需求的原則、不相干的權利原則，以及次要過失原則。當然，我們不能忘記，還有獨立於無關選項的容許傷人原則（the principle of the Independence of Irrelevant Alternatives of Permissible Harm），或稱為次要容許性原則（the principle of Secondary Permissibility）。最後這兩個原則的重要性，從分別具有「PPH」與「PSP」的簡稱，就可見一斑。

此外，還有各式各樣像是大雜燴般的理論教義。然而，其中有一個理論最值得一提，因為它充分表現出卡姆作品的完整性，還有她勾勒出來的細微差異，同時也因為這個差異至少強而有力地訴諸我們的直覺——她稱為「三重效果論」（Doctrine of Triple Effect）。其中，除了兩個與雙重效果論類似的差異之外，還有第三個差異，也就是意圖發生的效果與可以預見會發生的效果之間的差別。她以宴會為例，加以說明。

假設我要辦一場宴會，讓大家好好地開心一下，不過我知道辦完宴會之後會一團亂：有一堆的杯子要洗，還要清洗地毯，刷掉葡萄酒汙漬等。我預見了我的朋友在享樂過後，會覺得對我有所虧欠（這是不好的感覺），所以會留下來幫我打掃清理，於是我決定舉辦宴會，但純粹只是**因爲**我預見了他們會在事後幫我的忙。然而，我舉辦宴會並不是**爲了**讓我的朋友覺得虧欠我，所以幫我打掃，這並不是我的目的。我舉辦宴會的理由，是為了讓客人

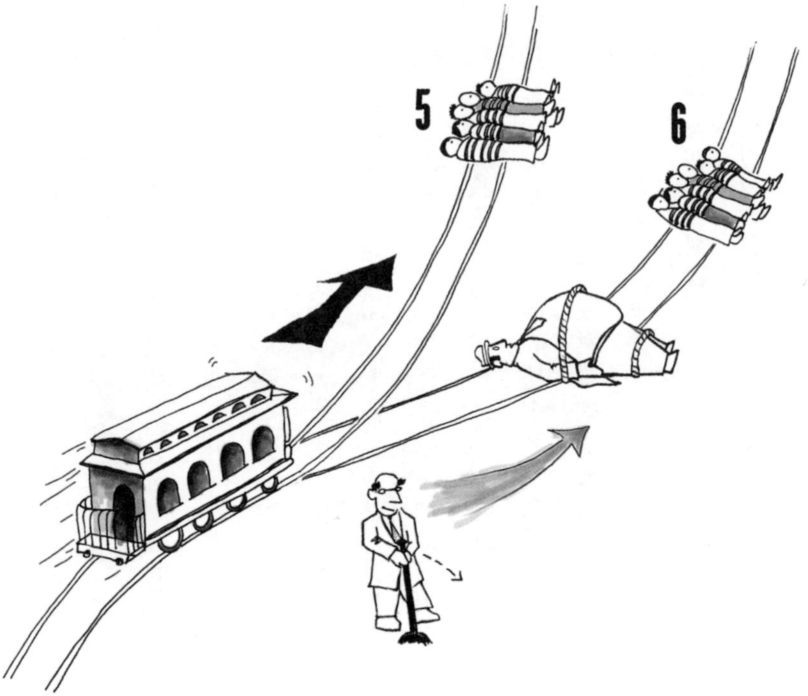

圖五：一加六難題。
你站在火車鐵軌旁，看到一輛失控的列車朝你這裡呼嘯而來。你看到前面有五個人被綁在鐵軌上；如果你袖手旁觀，那五個人就會被火車輾過，命喪黃泉。所幸，你旁邊就有一個訊號開關，轉動開關就可以將失控的火車導向你眼前的另外一條支線，也就是一條岔路上。在那條岔路上，你也看到一個人被綁在鐵軌上，改變列車的方向將無可避免地導致此人送命。在這個人的後面，還有六個人也被綁在鐵軌上；那個人如果被電車撞上，就能阻擋電車繼續前進。這時候，你該怎麼辦？（這個例子出自 Otsuka，二〇〇八年）

開心。於是，卡姆的結果是，我的目的並不是讓客人對我感到有所虧欠。同樣的，卡姆說，**因爲這件事會導致**一名路人被撞，所以才去做這件事，與**因爲做這件事的目的就是要導致**一名路人被撞，二者之間還是有所差別。

這個巧妙的差異有助於解釋各種電車情境。[11] 以「一加六」的情境為例。

在這個情境裡，路人遭遇的問題與岔路難題幾乎完全一樣，只有一點不同：單獨綁在岔路上的那個人後面，還有六個人被綁在鐵軌上。如果電車撞上岔路那個人，就能阻擋電車繼續前進。如果在岔路的案例中，改變電車的方向在道德上是可以允許的，那麼我們最自然的直覺，就是在「一加六」的情境中也可以。可是，在岔路難題中，讓電車轉向的決定之所以合理的基礎，在於我們並沒有殺害那個人的意圖，最好的證明就是想像一下，如果那個人設法逃脫了，我們會有什麼樣的感覺：鬆了一口氣，替他感到高興，世界真是太美好了！電車不會撞到那五個人，而且也沒有人會死。

可是，在「一加六」的案例中，我們就不會這樣說了。在一個人後面還有六個人的情境中，我們想要也需要電車撞上那個人，如果電車沒有撞到他或者他設法逃脫了，那麼電車就會繼續前進，撞死後面那六個人。因此，除非電車撞到那個人，否則讓電車轉向就沒有意義了。

那麼，這是否表示，我們在「一加六」的案例中讓電車轉向，就是**意圖**要殺死那個人呢？我們是否可以因此推論出，在「一加六」的案例中讓電車轉向，就道德上來說是無法接受的？這聽起來似乎不對，一點也沒有道理，因為撞死那個人並不是拯救五個人的手段；我們讓電車轉向的目的，並不是為了讓電車撞到那個人。

這時候，卡姆提出來的差異就可以替我們解圍了。我可以說，在「一加六」的難題中，如果我讓電車轉向，這樣做的原因並不是**爲了**讓電車撞到那個人，而是**因爲**電車轉向就會撞到那個人——這樣就沒有問題了。

跟許多其他的情境一樣，「一加六」情境中的道德直覺仍然取決於讓電車轉向的目的為何。那麼，我們應該試著釐清我們所謂的意圖究竟是什麼。我們可以用一個真實的火車問題來解釋這個難題，這個問題也讓菲莉帕・芙特最著名的一位親戚頭痛不已呢！

註釋

1 註：引文出自二〇〇三年四月十一日的《國際先鋒論壇報》（*International Herald Tribune*）。

2 註：引文出自二〇〇三年三月八日的《華盛頓郵報》（*Washington Post*）。

3 註：引文出自二〇〇三年四月十一日的《紐約時報》（*New York Times*）。

4 註：引文出自二〇〇三年二月二十三日的「德國之聲」（*Deutsche Welle*）網路版。

5 註：當然，這是對康德完全無知或者至少有所誤解所致。定言令式有一條黃金定律：如果所有的人都能這樣做，你才可以做某件事。但是艾希曼卻認為定言令式只要求一個人的行為碰巧跟普遍法則一致即可，不管這條法則的道德內容為何。

6 註：在此必須指出，至少有一位知名的反效益主義學者伯納德・威廉斯（Bernard Williams）形容絕對論者的這種辯解是「逃避現實」。詳見威廉斯在一九八一年的著作〈效益主義與道德的自我放縱〉（Utilitarianism and Moral Self-indulgence），第四三頁。

7 註：這是傑夫・麥克馬漢的立場。在此要特別感謝麥克馬漢教授對本章極有用的批評與指教。

8 註：這個例子出自雷秋爾（James Rachels）的〈主動與被動的安樂死〉（Active and Passive Euthanasia，第四一頁），Steinbock, and Norcross，一九九四年。

9 註：雪萊・卡根（Shelly Kagan）在〈添加的謬誤〉（The Additive Fallacy，一九八八年）

一文中也提出類似的觀點。

10 註：引文出自英國國家廣播公司國際頻道的紀錄片《你會殺死那個大個子嗎？》（*Would You Kill The Big Guy*，二〇一〇年）。

11 註：雖然卡姆巧妙地提出了這個差異，但是連她自己也認為：幾乎在所有的案例之中，做某件事的目的與是否可以做這件事情之間並無關聯。她認為相關的事實與思想狀態無關，反而與因果關係有關。對她而言最關鍵的問題是，在因果關係上，殺死這個人是不是拯救那五個人的必要手段。

Chapter 7

鋪好了通往地獄之路

如果從我抬起了手臂這個事實中，
抽離了手臂抬起來的事實，那麼還剩下什麼？

——維根斯坦

即使一隻狗也知道被人踢了一腳
和自己跌了一跤之間有什麼差別。

——老奧利佛·霍姆斯
（Oliver Wendell Holmes, Sr.）

一八九四年中，克里夫蘭總統公私兩忙，蠟燭兩頭燒。在私事方面，他擔心自己的健康，懷疑他罹患了惡性腫瘤。不過家裡也有喜事，又增添了新的成員：他年輕的妻子在八個月前生下了他們的第二個孩子艾絲特，她是到目前為止，唯一一個真的在白宮出生的孩子。（艾絲特後來移居英國，她的女兒菲莉帕也在那裡長大。）至於公事方面，在七百哩外的芝加哥，有個公務上的電車難題在朝著總統步步逼進：勞資關係的危機威脅到國家的經濟與社會穩定。

當時是鐵路正在蓬勃發展的一段時期。芝加哥是美國鐵路的首府，普爾曼火車車廂公司則堪稱是地球上生意最興旺的公司，該公司以嚴格聞名的創辦人喬治・普爾曼（George Pullman），同時也是美國的首富之一。普爾曼一手打造出我們現代的鐵路系統；他製作的臥車以流暢又富麗堂皇的設計聞名，有些列車還提供由高貴主廚掌廚的精美佳餚，車上也有服務人員提供最貼心的服務，其中有很多都是解放後的黑奴。（在內戰後的那段時間，普爾曼成了雇用最多非裔美國人的大老闆。）搭乘普爾曼的火車旅行，被視為最豪華的享受。

然而，替普爾曼工作卻不是什麼享受。他的鐵路公司表面上實施慈愛的家長制，其實是名不副實。為了安置旗下數以千計的員工，普爾曼想到了在芝加哥南邊建造現代城市的點子（到今天還可以去參觀旅遊）。這座城市裡提供所有一切普爾曼認為必要的設施，包括公園、商店、幼稚園、圖書館，全國的人都盛讚他是富有遠見的大慈善家。他自己也說他愛這座城鎮，就像是愛他自己的孩子一樣，說起來也有一些事情可以證明他的說法，比如完善的醫療設施。然而，在光鮮亮麗的表面背後，卻藏著不堪聞問的事實。有些房舍其實就是簡陋的木屋，而且通常都擁擠不堪：到處都充斥著貧窮的氣味。普曼爾以專制暴君的手段管理這個地方，沒有捐一毛錢做善慈工作。他期望這座城市能夠自給自足，因此所有的服務都要租金或是收費（包括使用圖書館），僅有的一家酒館也收取驚人的天價，其目的就是嚇阻勞工上門光顧。從來沒有人徵詢過城裡居民的意見，了解他們到底想要什麼，也不鼓勵他們提出異議，更沒有什麼鎮民大會。他們的租約隨時都會遭到解除，而租戶很可能發現自己在普爾曼鎮上根本無處可去，形同從這位大亨的烏托邦被驅逐出境。

到了一八八三年，美國經濟突然急轉直下，普爾曼公司也無可避免地受到嚴重的影響，許多工人遭到遣散，即使還保有工作的人，工資也遭到大幅刪減，但是他們每個月自動從薪水扣除的住房租金，卻絲毫不減。一八八四年五月，有一些工人組成委員會，要求公司降低租金，卻遭到公司斷然拒絕，於是引爆了未經批准的罷工活動，而且如野火燎原，情勢不斷升高，到了次月，就演變成縱火劫掠的暴動。這表示勞資雙方，也就是鐵路產業與全國最大、也最有力量的工會——美國鐵路工會，彼此正式決裂。克里夫蘭總統稱為「大動亂」，這也是他總統任期內最關鍵的一段時間。

當工會成員開始杯葛普爾曼鐵路公司，整個伊利諾州及其周邊的鐵路運輸就為之癱瘓，這場勞資風暴最後波及二十七州。結果克里夫蘭總統採取了一個高度爭議的行動，他宣布罷工活動屬於聯邦罪行，並且派遣聯邦軍隊進駐（這個命令在事後才獲得最高法院的批准），此舉不但違反了伊利諾州州長的意願，更遭到許多美國人民的痛恨。白宮方面認為，罷工行動危及跨州的商業活動以及聯邦郵件的運送與投遞；克里夫蘭更誓言，就算要「花掉財政部的每一分錢，用掉美國陸軍的每一名士兵，才能將一張明信片送到芝加哥，也一定會把這張明信片送到。」

聯邦軍隊的介入只是徒然增添罷工工人的怒火，他們幾乎立刻開始推倒火車車廂，並且縱火焚燒，甚至還出手攻擊軍隊。克里夫蘭總統發佈公告，並解釋道，凡是繼續與政府當局對抗的人，都會被視為人民公敵，軍隊有權力「以溫和與自制的方式採取行動，達成預期的目的」。不過，克里夫蘭也警告說，士兵可能會無法判別誰是罪犯，誰是只出於好奇、在暴動現場觀望的旁觀者。

軍紀遠遠不如聯邦軍隊的州警部隊也支援鎮暴行動，結果暴力行動反而在六月初達到最高峰。在那個時候，罷工行動已經結束，光是在芝加哥地區，就至少有十幾個人喪生；至於在其他地區與軍隊發生的衝突中，則還有四十人死亡。一個由三人組成的調查委員會，迅即提出一份長達六百八十一頁的報告，調查應該由誰來負責，又能從中學到什麼樣的教訓。

・證明意圖，毋需開槍——一九一二年八月二十五日，《紐約時報》

在法律中，「意圖」二字隨處可見，不只是刑事法（例如必須以此來區別謀殺罪與殺人罪），在稅法、反歧視法、契約法、憲法等各式各樣的法律中都可以看得到。

軍隊在普爾曼罷工行動中殺了人，這一點無庸置疑。但是比較難以確認的，則是他們的意圖。他們**意圖**殺人嗎？我們又要如何來認定他們有沒有殺人的意圖？

有個關於伊莉莎白・安斯康姆的小故事，許多認識她的人都爭相傳頌，不過幾乎可以認定是虛構的傳聞。有一次，她人在蒙特婁，到了晚餐時間，她走進一間昂貴的餐廳打算在那裡用餐。「女士，對不起，」餐廳領班跟她說，「女性在這裡不准穿長褲。」「喔，那你等一下，」安斯康姆說。然後她走進洗手間，幾分鐘之後再走出來，仍然穿著同樣的衣服，卻沒有穿長褲。

這似乎不太可能是那個領班的意圖。在日常會話中，我們鮮少會無法理解「意圖」或者「故意」是什麼意思。比方說，「伊莉莎白・安斯康姆走進店裡，意圖要買一瓶牛奶」這樣的一句話，通常不會引起別人的反駁說：「你說意圖是什麼意思？」這似乎再明顯不過了。問題：安斯康姆為什麼走進店裡？答案：去買一些牛奶。事實上，「意圖」是一個經過各種複雜性層層包裹的概念，安斯康姆本人在她影響深遠的著作《意圖》（*Intention*）一書中，一層一層地拆開包裝來解釋。意圖不等同於原因。如果有人問：「你為什麼要跳到電車前面去？」回答可能會是：「我沒有跳，是別人推我的。」安斯康姆說，如果一個行動是有意圖的，那麼不應該只問「為什麼」，同時還要追問這個行動對於採取行動的人來說有什麼意義，這樣才說得通。

她耗費如此多的學術精神鑽研這個概念，其中一個動機，就是她需要清楚地理解這個概念在雙重效果論中的用法，而且是在她所有運用雙重效果論做為論辯基礎的議題，不管是原子彈、墮胎或是避孕。比方說，她認為可以合理地用意圖來區分採取避孕措施的性行為以及採用週期避孕的性行為。她指稱，前者是意圖不要生育，而後者不是，因此前者是不道德的；任何不可能導致生育的性行為，例如同性戀性行為，都必須受到譴責。「如果我們認可了採用避孕措施的性行為，那麼又有什麼理由可以反對彼此手淫、肛交、雞姦、獸交呢？」

安斯康姆進一步著手解析我們在語言中如何使用「意圖性」。例如，當副詞用（「那人故意動手推」），當名詞用（「那人推了那個胖子一把，其意圖為將他推下天橋」），還有當動詞用（「那人意圖推那個胖子」）。安斯康姆所說的複雜性，大多都與我們無關，不過，她卻是第一個指出：同樣的行動，在某些描述方法中是故意的，在另外一種描述方法卻不是。以將胖子推下天橋的那個人的行動為例，如果說他「推了胖子一把」，就表示他有這樣的意圖；不過如果說他「伸展三頭肌」，則沒有這樣的意圖。當然，將胖子推下天橋的那個人肯定是伸展了他的三頭肌，但是如果說他**意圖**這樣做，聽起來就有點奇怪了。如果你要求他解釋何以會做出這個舉動，他也不太可能說：「我是為了伸展我的三頭肌。」

因此，士兵是否有意要殺死普爾曼的暴民呢？最後，沒有任何一名士兵被追究責任。委員會調查報告的語氣一點也不同情受害者，報告中形容那些占據鐵路調度場和鐵軌的人群，是由「一般的流氓、婦女、低下階層的外國人以及從罪犯階級找來的人所組成的」。那些被拉到委員會上作證的人則形容部隊是為了「保護財產」或是「維持法律」；而個別士兵在被問到為什麼會動用武器時，想必也會回答：「我是為了要維持和平」、「我是為了要阻止暴動」、「我是為了要防止州際貿易受到干擾」。可是你既然對著人群開槍，怎麼可能沒有殺人的意圖呢？難道只是想致人於傷？難道殺人雖然是可以預見的結果，卻不是他們的意圖？

這裡就產生了一個更深層的問題，克里夫蘭的孫女菲莉帕・芙特在她最初的電車論文中就提出這個問題，並且稱為「相近性」問題，同時還講到了洞穴的案例。還記得在那個案例中，洞穴裡的水位上升，胖子卻堵住了逃生出口，你手邊有一管炸藥，可以替你和其他人清除路障，不過卻會讓胖子喪命。假設你引爆了炸藥，事後在法庭上聲稱，你並沒有殺害胖子的意圖，只是意圖把他炸成幾千萬片而已。芙特說，這樣的說詞「太荒謬」了。[1]把一個人炸成千萬片跟殺死這個人，根本就是同一件事，硬要區別此二者，就顯得很可笑。這時候，我們就需要一個「相近性」的論述，確保這樣的藉口在法庭上確實會被一笑置之。然而，事實證明，要提出這樣的論述還真是出了名的困難呢！畢竟，如果有個技藝精湛的外科醫生趕到現場，宣稱他可以把胖子縫回去的話，你也會很開心；因此，從這個詭異的角度來說，你真的並沒有要置胖子於死地的說詞，倒也不假。

這跟環狀軌道的情境也很相似。我們可以說，讓火車轉向，嚴格說起來，並不是意圖要殺死環狀軌道上的那個人，我們的意圖只不過是讓火車撞到他，然後停下來。如果火車在撞到他停下來之後，他卻奇蹟似地沒有死，甚至還毫髮無傷地走開了，我們也不會掄起棍子在後面追趕他，硬要把他打死。我們只是要那個人擋住火車，並不是要他死。

然而，正如菲莉帕・芙特所指出的，在現實生活中，人被火車撞到就是必死無疑，硬要區分火車撞人或是殺人有什麼差別，就讓人覺得強詞奪理了。

・多推一把

姑且不論相近性的問題，正如我們所見，意圖性確實可以區分岔路與環狀軌道。在《本然的觀點》(*View from Nowhere*)一書中，湯瑪斯・內格爾(Thomas Nagel)形容某種行動為「受到邪惡導引」；理解這種行為的一種方法就是逆向思考，思考「如果怎樣又會如何」。比方說，如果在環狀軌道上的那個人跑掉了，會怎麼樣？內格爾說，如果一個人的行動有個邪惡的目標，那麼「瞄準這個目標的行動也會緊跟著目標發生，即使因為外在環境改變導致行動偏移了目標，也要隨時修正。」[2]

這個「如果怎樣又會如何」的問題有助於我們思考「意圖性」。就以「多推一把」難題為例吧。

在「多推一把」難題中，你可以讓火車轉向，避開鐵軌上的五個人，但是因為電車的速度太快，除非多推開關一下，否則就會跳過在岔路軌道上的那個人。如果電車跳過那個人，就會回到原來的軌道，撞死五個人，唯一能夠確保電車撞上那個人的方法，就是多推開關一下。如果你多推了這一把，那麼你要讓電車撞上那個人的目標似乎就顯而易見了。雙重環狀軌道難題也是類似的情況。

在雙重環狀軌道難題中，你可以將電車引到一條空的環狀軌道上，如果你不採取進一步的行動，那麼電車就會哐啷哐啷地繞過環狀軌道，撞死五個人。但是，你也可以再次改變電車的行進方向，導向有一個人被綁在上面的第二條環狀軌道，這樣會殺死那個人，卻可以拯救其他五個人。

如果你改變電車的行進方向不只是一次，而是二次，好確保它會撞上單獨綁在軌道上的那個人，那麼如果你依然堅稱沒有要撞死他的**意圖**，聽起來

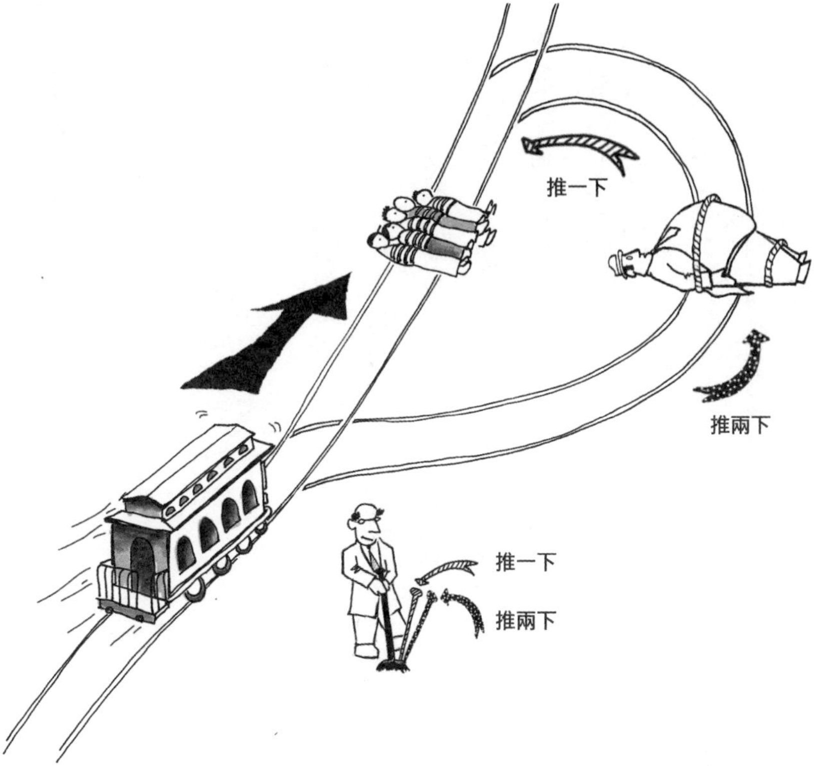

圖六：多推一把難題。

電車朝著五個人衝過來，如果你袖手旁觀，那五個人就必死無疑。你可以讓電車轉到環狀軌道上，避開那五個人。環狀軌道上也有一個人，但是因為電車的速度太快，除非多推一下開關，否則就會跳過在岔路軌道上的那個人。如果電車跳過那個人，就會回到原來的軌道，撞死那五個人；唯一能夠確保電車撞上那個人的方法，就是多推開關一下。你應該要讓電車轉向嗎？你也應該多推一把嗎？

當然會覺得很荒謬了。[3]

・諾博效應

意圖的概念還有最後一個複雜性，是由一個新興的哲學運動所發現的；這個運動稱之為「實證哲學」，簡稱為「x-phi」。如果你想知道某人是否意圖製造出某種特定的效果，我們可能會覺得基本上就是要建構此人的心智狀態，像是這個人在想些什麼、相信什麼。可是有位年輕的哲學家兼心理學家約書亞・諾博（Joshua Knobe）卻問了受試者以下兩個問題，然後得到令人意外的結果，也就是現在所謂的「諾博效應」。

- 案例一：某公司的副董事長跑去跟董事會主席說：「我們現在有個新計畫，會替我們公司賺到很多錢，可是也會對環境造成傷害。」董事會主席

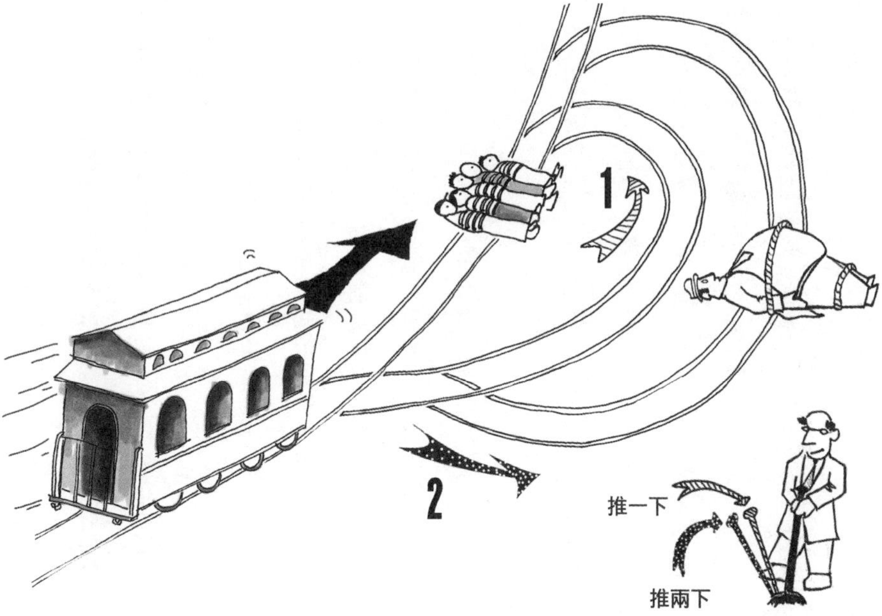

圖七：雙重環狀軌道難題。
電車朝著五個人衝過來，如果你袖手旁觀，那五個人就必死無疑。你可以將電車引到一條空的環狀軌道上。如果你不採取進一步的行動，那麼電車就會哐啷哐啷地繞過環狀軌道，撞死五個人。但是，你也可以再次改變電車的行進方向，導向有一個人被綁在上面的第二條環狀軌道，這樣會殺死軌道上的那個人，卻可以拯救其他五個人。你應該改變列車行進方向嗎？而且不只一次，而是兩次？

說：「我知道這個計畫會傷害環境，但是我一點也不在乎，我在乎的只有盡可能地賺更多錢。所以，你就放手去做吧。」計畫開始了，當然，環境也因此受害。

- 案例二：某公司的副董事長跑去跟董事會主席說：「我們現在有個新計畫，會替我們公司賺到很多錢，也會對環境造成正面而有益影響。」董事會主席說：「我知道這個計畫對環境有益，但是我一點也不在乎，我在乎的只有盡可能地賺更多錢。所以，你就放手去做吧。」計畫開始了，當然，也就造成了對環境有益的影響。

受訪者會被問到這兩個案例中的董事會主席是否**意圖**對環境造成影響，這就是有趣之處了。被問到第一個情境，大部分的受訪者回答說：「是的，他是有意造成傷害。」然而，在第二個情境中，這位董事會主席是否有意要協助改善環境？大部分的人認為不是。

這就怪了，因為這兩個案例的情境看起來幾乎是一模一樣。唯一的差別是在第一個案例中，這位主席做了壞事，而在第二個案例中，卻是做了好事。諾博認為，這顯示意圖的概念無可避免地會跟道德判斷綁在一起，一般而言，他認為這樣的結果意味著，我們必須徹底重新思考我們如何看待自己。我們的所作所為，並不像理想中的科學家，總是從完全抽離的角度來理解這個世界；反之，我們對發生了什麼事情的理解，總是「充滿了道德的考量」，我們戴著道德的眼鏡來看待這個世界。

如果這個意圖的概念已經讓你的腦袋像轉盤一樣轉得頭昏眼花，那麼且放寬心，因為有一個哲學的門派就沒有這些微妙的差別來區分什麼有所為與有所不為，什麼主動與被動責任，或是什麼意圖與僅僅是預見的結果。這個門派是受到某個人的啟發，此人的遺骸裡塞滿了稻草、禾稈、棉花與薰衣草（為了驅蟲），還穿上外套和有縐褶花邊領的襯衫，坐在倫敦市中心高爾街（Gower Street）上的一個玻璃櫃裡；他的拐杖也放在櫃子裡，他還像寵物一樣給拐杖取了一個名字叫做「大波」。如果這具遺骸能夠死而復生的話，或許立刻就可以為這個胖子謎團提出解答也說不定，而且不會有痛苦的掙扎、良心的糾結，因為對這位效益主義的創始人來說，什麼是適當的行為早就不言而喻了。

註釋

1 註：芙特，《善與惡》，二〇〇二年，第二一頁；也見於班奈特（Bennett），一九九五年，第二一〇至二一一頁。班奈特假設在戰爭中有一架轟炸機想要挫一挫敵方平民的士氣，因此在空襲時瞄準部分平民，並炸死他們。然而，他卻宣稱他並沒有意圖要殺死他們，只是意圖要讓他們看起來死個一、兩年，等戰爭結束再活過來！

2 註：內格爾，一九九六年，第一八二頁。內格爾相信，如果你「受到邪惡導引」，你就會隨著環境的變化，調整你的反應。但是就算你為了因應電車情境中的變化調整了你的反應，並不意味著你在更深的層次上就一定是「受到邪惡導引」。因此，如果鐵軌上的五個人逃脫了，你並不會仍然想要殺死那個胖子。然而，內格爾的洞察讓我們反思在不同的情況下會怎麼做，因此也加深了我們對「意圖性」的理解。

3

註：卡姆，二〇〇七年，第九七頁。卡姆想要區分「多推一把」和「雙重環狀軌道」這兩個難題之間的差別。她認為，多推一把是錯的，但是在雙重環狀軌道難題中，重新引導電車的方向卻是完全合理的。在我看來，就道德上來說，二者是完全一樣的，因為不論是多推一把，或是將電車導向第二條環狀軌道，都清楚呈現撞死那個人的意圖，並沒有模稜兩可的空間。

Chapter 8

數字決定道德

達到多數人最大的利益，
就是評斷是非的標準。

——邊沁（Jeremy Bentham）

他不是偉大的哲學家，
卻是偉大的哲學改革家。

——約翰・彌爾（John Stuart Mill）論邊沁

邊沁在他的遺囑中要求，將遺體送交解剖做為科學研究。他跟倫敦大學旗下大學學院（University College）的許多創辦人都有很深厚的交情，他自稱為「肉身雕像」的遺體，至今仍然擺放在那裡，供人瞻仰。他的遺骸經過防腐處理，塞滿填充物的身體頂著一顆蠟製頭顱，臉上鑲嵌著一對犀利的藍眼珠，頭上戴著一頂迷人的寬邊帽。據說以前真正的頭顱一直被惡作劇的學生偷走，於是校方乾脆就藏起來，還上了鎖。傳說以前校方還會用輪椅推這個肉身雕像去參加學院的管理會議，並且註明「只出席而不投票」。不過，謝天謝地，這個傳說顯然也不是真的。

邊沁身後的種種怪誕事蹟，與他古怪的一生倒也不謀而合。他的古怪從他獨特的用語就可見一斑。他不說要在吃早餐前去外面散步，反而宣稱他意圖去進行晨起初餐前的環境周遊；他有一隻年邁的愛貓，還為其取名為「尊貴的約翰・藍波恩博士」。

邊沁擁有哲學史上堪稱最奇特的家族淵源了。他有一位很要好的朋友叫做詹姆斯・彌爾（James Mill），並且擔任好友之子的監護人；這個孩子後來也成了赫赫有名的哲學家，就是約翰・彌爾；而約翰・彌爾又有一個乾兒子，後來成了二十世紀最重要的一位哲學家羅素（Bertrand Russell）。彌爾對邊沁的哲學有所保留，不過仍然形容他為「那個年代最顛覆的主要思想家」，原意應該是要稱讚他吧。羅素也是邊沁的粉絲，他將維多利亞時代在英國發生的許多比較具有啟發性的改革，全都歸功到邊沁的身上。「在上個世紀（十九世紀）後半段居住在英國的人，十之八九會比沒有在那段時間住在英國要快樂得多，這一點無庸置疑，」羅素寫道，然後又加上一記他典型的妙語回馬槍。「他的哲學是如此淺薄，因此他可以視為替他行為辯護的藉口。在我們這個文明更加啟蒙的時代，我們可以看得出來，這樣的觀點是多麼可笑。」

邊沁認為，一個行為的重要性，就在於能創造多少的快樂，避免多少的痛苦。他囑咐我們，不管做什麼，總是要將快樂極大化，痛苦極小化。在他最具影響力的著作《道德與立法原則導論》（*An Introduction to the Principles of Morals and Legislation*）一書中，他甚至還提出了一個計算快樂與痛苦的公式，稱為「幸福微積分」。吃掉你眼前的那塊蛋糕可以為你帶來多少快樂，這樣的快樂可以維持多久，會不會有任何不愉快的感覺隨之而來（例如會不會讓你覺得有點反胃？）等。事實上，邊沁還指出可以創造快樂的行為有七種相關的元素：快樂的強度、持續時間的長短、可能發生的機率、臨近性（多快可以感受到這種快樂）、感染力（會不會產生類似感受）、純度（會不會有痛苦的感覺伴隨而來）以及擴展性（有多少人會受到影響）。他將個人視為一只情緒的貨櫃，裡頭應該只有極少的痛苦，其他的空間都緊緊實實地塞滿了快樂。

最多數人的最大快樂，正是衡量一切事物的標準。套用這個公式，效益主義者可以替所有地方與國家事務規劃出務實的解決方案，不論是政治、社會、行政或是法律方面的問題。他的公式簡單與優雅，讓人眼睛為之一亮，因此效益主義很快就吸引了一批位居社會高層的信徒。司法大臣亨利・布洛罕（Henry Brougham）就曾經說過：「法律改革的年代與邊沁的年代，正是同一回事。」

邊沁將效益主義視為一種科學，可以破除過去不理性的傳統與迷信（包括宗教上的迷信）。統治者與立法者應該扮演這樣一個技師的角色，轉動並補綴這個社會的電線與把手、旋鈕與管線，創造最大的快樂。效益主義具有進步性與前瞻性，同時訴諸平等主義：一個人的快樂與另外一個人的快樂都是不分軒輊、同等重要的。評估法律或是政府法案的一個方式，就是分別衡量其利益與成本，並且拿來與其他的競爭提案相比。有人說過：「他在道德與立法領域的夢想，就是做到牛頓與萊布尼茲分別在自然界與數學界所達到的成就。」

我們在邊沁的學術誠意與言行合一方面，幾乎找不到任何破綻，這種令人景仰的特質讓他提出了一些在那個年代驚世駭俗的想法。既然凡事最重要的就是感覺，快樂與痛苦的感覺，那麼我們對動物與人類的痛苦都應該一視同仁。「問題不是牠們講不講理？更不是牠們會不會說話？而是牠們會不會受苦？」如果性行為可以帶來快樂，那麼這個性行為不論是發生在男女之間、男男之間，甚至人獸之間（熱中於編撰法典的邊沁還舉出了好幾種其他的排列組合方式），都無關緊要，而法律也應該要因應這一點加以放寬限制。他還針對法律該如何改革、政府效能該如何改進，提出了許多務實的建議——有些是大事，有些是小事，但是全都出自他追求快樂極大化的基本原則。比方說，他認為有全國性的出生和死亡登記是件好事，因為在當時都沒有這兩種記錄。

哲學的用處，在於改變這個世界；因此邊沁十分積極地宣揚效益主義的福音，希望推廣到更遠、更廣的地方。不過他卻面臨了一個自找的麻煩：他的論述。邊沁的著作等身，也創造出好幾個新奇而有價值的新字（如「國際的」、「編纂」、「極大化」和「極小化」等），不過即使是他最熱心的仰慕者也不會形容他的文風是清晰易懂、才情洋溢，反而「曲折迂迴」、「囉哩囉嗦」才是比較常見的形容詞。而且隨著他的年紀愈大，情況就愈糟糕。當時有一篇書評，評論邊沁的著作《司法證據的原理》（*Rationale of Judicial Evidence*），就抱怨說：「即使在外交官的書櫃裡，也很少看到像他在本書中所展現出來的遣詞用字功力，能如此成功地隱晦語義。」

從很多角度來說，效益主義都是英國特有的一種主義，至少在起源上是如此。當時的英國已經迅速地中產階級化、物質化，不但更具有顛覆性、也更不受傳統的束縛，而邊沁則加劇了這樣的發展。但是在歐洲的其他國家，主要都是透過法文譯本才認識邊沁的；出生在日內瓦後來入了英國籍的編輯艾特恩・杜蒙（Etienne Dumont）對邊沁的貢獻無可衡量，不只在語言上將他的英文著作翻譯成法文，更將他迂迴而不易消化的文風修改得流暢易懂。

此外，邊沁自己也展開圓滑的公關宣傳，跟數十位政治人物書信往來，讓他的影響力不只橫越整個歐洲，更遍及南北美洲。有位歷史學家就發現，「在一八二〇年代中期，有些哥倫比亞的國會議員在交談時引用邊沁的頻率之高，就如同十八世紀的英國人在下議院裡喜歡引用古典作家一樣。」邊沁對美國有特別的情感與興趣，而這樣的感覺也是互相的。他在與安德魯・傑克遜（Andrew Jackson）總統往來的書信中坦承，他在晚年時，「更覺得自己是美國人，而不是英國人」；而且當未來的總統約翰・昆西・亞當斯（John Quincy Adams）造訪倫敦時，總是會跟邊沁一起在公園裡散步。

這倒不是因為邊沁支持美國政府的體制。他曾經批評美國的《獨立宣言》是一鍋混亂與不確定的「大雜燴」，還說《人權宣言》是「永遠披著面紗的不知所云」。邊沁本人是律師出身，終其一生，最令他惱怒的莫過於被他視為在法律上不公正、不一致、不連貫的例子。他認為「權利」根本就是胡說八道；更重要的是，他徹底拒絕接受所謂的「天賦權利」，也就是不受任何特定法律管轄，所有的人永遠都能享有的普及權利——他認為那是「徹頭徹尾的胡說八道」。訴諸那個胖子的權利，在邊沁的眼中，可能根本就不值一哂。

對邊沁來說，數字最重要了。在所有條件都一樣的情況下，能救到的人比較多總是比較好。正是因為這個理由，他堅決反對戰爭。他認為，大部分的戰爭都是讓許多人「彼此相殘，只為了滿足少數人的貪婪或傲慢」。他幾乎想不到有任何好處可以抵消戰爭中的損失。有人辯稱，英國就是在打贏了七年戰爭（一七五六至一七六三年）之後，才開始變得繁榮，對此，他的反應是：「沒錯，斷了一條腿的人，在殘肢復元之後，可能跳得比兩條腿都斷掉、只能躺在床上的人要走得更快。因此，你或許能證明英國打了這場光榮戰役、比沒有打仗要來得更好，因為法國的情況比我們更慘。」

邊沁知道，在一般人理解的道德中，「意圖結果」與「可預見結果」之間——或者如他所說的，在「直接意圖」與「間接意圖」之間，還是有差別的，但是他否認二者在本質上有任何道德差異。因此，對於電車難題，邊沁應該不會考慮太久，也不會太傷腦筋。如果我們認定所有人的性命都有同樣的價值，那麼不管是不是故意，殺一個人都比讓五個人死掉要好。只有數字最重要。至於是否故意造成死亡，就無關宏旨；而這些死亡的原因是主動殺人或是見死不救，也無關緊要。我們必須忽視我們的道德直覺：在岔路與胖子這兩個案例中，找不到有效的道德差異。就是應該要把那個胖子推下去。

・快樂之外

在邊沁死了兩百年之後，他那些卷帙浩繁的著作仍然有人持續編輯、出版，學術界又掀起一片研究邊沁的熱潮。不過，他的成就仍然遭到低估。他的觀點被視為粗陋到令人難為情，他提出來的幸福微積分更是愚蠢，把生命的價值貶抑到只剩下膚淺的「快樂」。他能夠當下就對胖子難題提出明確且毫不含糊的解答，在許多哲學家看來，非但不是優點，反而成了他的致命傷。

然而，邊沁終究是一派宗師，他創立的思想學派，雖然不是那麼時髦流行，卻依然流傳至今，屹立不搖。約翰・彌爾本身就是效益主義者；羅素的天性也偏向效益主義；另外還有一位巨擘，十九世紀的劍橋大學哲學家亨利・西季威克（Henry Sidgwick），他的論述也屬於效益主義的傳統。在二十世紀，效益主義還曾經短暫地流行過一段時間，這都要歸功於一位樞紐人物：牛津大學教授理查・黑爾（Richard Hare）。直到現在，還有一些重要的哲學家，如德瑞克・帕菲特（Derek Parfit）、彼得・辛格等人，仍然大言不慚地承接邊沁的遺產。

當然，自邊沁以降，效益主義也歷經過幾次重大的微調，有些調整為效益主義該如何決定胖子的命運，添加了微妙的層次。的確，當今學子接觸到效益主義，大多不是透過邊沁，而是他朋友詹姆斯・彌爾的兒子。

・彌爾的解藥

邊沁是個天才兒童，三歲就會讀書，四歲開始學習拉丁文與希臘文，十二歲進牛津大學。可是跟約翰・彌爾相比，他簡直就是發展遲鈍的孩子。

約翰・彌爾的父親詹姆斯個性嚴厲、不講情面又專橫跋扈。他從小在蘇格蘭長大，直到遷居倫敦，才認識邊沁。老彌爾也有自己的思想實驗，他相信人的心智在出生時就像一張白紙，問題是你要如何在這張白紙上留下東西？如果你讓一個孩子接受最嚴格的家庭教育，包括科學與人文的教育，又會如何？你會塑造出什麼樣的人？又能培養出什麼樣的智慧、天分與技能？

詹姆斯・彌爾的思想實驗跟電車學的實驗不同之處，在於它可以在現實世界裡驗證。於是，彌爾開始用高蛋白的知識餵養他的孩子，在現今社工部門的角度看來，無疑會認為這是虐待兒童。約翰・彌爾從三歲開始學習希臘文與算術[1]；不過這個還在學步的孩子倒還不必學拉丁文，這門課延到八歲才開始。到了十四歲時，約翰已經進行密集的邏輯與數學研究，還以自修的方式念完了其他學門的冗長書單，如歷史和經濟理論等。

這些資訊都很有效率地塞進了約翰小小的腦袋瓜子裡，但是卻無益於他的精神狀態，二十歲那年，他精神崩潰了。後來他把重心轉移到自由與自治，或許正是因為他厭惡自己宛如白老鼠的童年才造成的反應吧。話雖如此，從理論上的角度來說，他的哲學理論背後驅動的原則並非自由，而是效益主義（兩人之間的聯繫留下了大量的學術紀錄）。彌爾提到他的監護人，說他的目的是「發起一場不讓荒謬進入實際事物的戰爭」，而彌爾也同樣採納了這個原則。他在閱讀邊沁著作的譯本（法文）時，看到了效益原則，他說：「這讓我對事物的看法有了一致性。現在，我有了自己的觀點。是一種主義、一種信條、一種哲學；用一個最有意義的名詞來說，就是一種宗教：

灌輸及傳播這種信仰，就是生命外在最重要的目的。」

有些天才只能在狹隘的領域中展現天分，但是彌爾的天才卻可以在許多方面綻放光芒。他是邏輯學家、經濟學家，也是十九世紀最有影響力的英語系道德哲學家與政治理論家；此外，他還有時間從事行政工作、撰寫論文、參與論戰、積極鼓吹婦女權利，同時還擔任國會議員。

終其一生，彌爾都受到邊沁的影響，也跟邊沁一樣是個結果論者，他相信一個行動最重要的就是結果。但是他絕對不是盲從，對邊沁的理論也絕非毫無批判。彌爾寫了一篇關於邊沁的論文，對邊沁留給後人的知識及其聲譽，造成長遠的傷害。邊沁認為，所有的快樂與痛苦都要放在同一個天平上衡量。他曾經形容一種兒童遊戲，並說：「撇開偏見不說，圖釘遊戲的價值，應該等同音樂、詩歌這樣的藝術與科學。」如果圖釘遊戲帶來的快樂比詩歌還多，就應該視為比詩歌更有價值。

接受太多菁英教育的彌爾實在無法苟同。更何況，他在精神崩潰之後，大量閱讀詩歌，而邊沁曾經高調地批評這種藝術形式為長短不一、排列參差不齊的文字。對彌爾來說，有些形式的快樂在品質上就比其他形式高人一等：「當不滿足的人，好過當一隻滿足的豬；當不滿足的蘇格拉底，好過當一個滿足的愚人。」彌爾說，要分辨哪一種快樂比較高級，只要看看經歷過兩種快樂的人會比較喜歡哪一種就知道了；他抱持著一種令人感動的天真期待，相信玩過圖釘遊戲和念過詩歌的人，絕大多數都會選擇後者。這時候的他更強調想像力與情感，在回顧他的早年生活時，曾寫道：「我認為，邊沁主義者經常把人形容為一個只有理性的機器，這種說法在我生命中的兩、三年間，倒也不完全失真。」

除了區別快樂的種類之外，彌爾還針對邊沁主義提出另外一個修正，就跟胖子難題比較相關了。如果我們每次要採取行動時，就得先考慮到行動的後果，那麼會是一場大災難。別的暫且不說，光是考慮，就要花很多時間，而且還可能造成公眾不安。所以，最好是有一套規則讓我們可以遵循。[2]

因此，為了救五個人的性命，法官很可能會誣陷一個無辜的人；但是如果個別法官都不會如此曲解正義的話，我們的社會將會運作得更順遂。如果我們想要讓整體的福祉或快樂最大化，「不要冤枉無辜之人」似乎言之成理，也是法官應該遵循的規則。然而，如果我們認為法官可能會為了追求他們心目中認定的更高價值，而罔顧是否有罪這樣的小事，那麼我們對整個法律體系的信心將會徹底瓦解。為了讓人民覺得更有保障，我們必須要求國家機器的運作具有一致性，不會因為權宜就製造例外。我們甚至不希望看到法官考慮誣陷無辜之人的選項，即便光是考慮這個選項，都可能會侵蝕我們對司法體系的信心。

其他的效益主義哲學家更進一步推展這種思想。在先前討論過那個惡名昭彰的定時炸彈情境中，我們應該怎麼做呢？假設我們只有用酷刑伺候一個人，才能從他口中獲得資訊，拆解掉威脅數千人性命的炸彈。西季威克稱為「祕密道德」(esoteric morality)；二十世紀英國哲學家伯納德・威廉斯則嘲諷其為「政府大樓的效益主義」。[3] 顯然，我們都希望能夠堅守「不得刑求」的原則，因為一旦允許破例，就可能導致可怕的濫用；可是在現實生活中，在非常特別的環境下，刑求某人也許是對的，尤其是違背刑求這個規則的事實如果可以保密不外洩的話。情況很可能是這樣——雖然這話聽起來非常的權謀——唯有菁英分子才能獲得充分的授權與信賴，根據效益主義原則所做的每一個決定，採取行動。至於廣大的「粗俗」大眾，應該只要灌輸他們基本的格言即可，反正你也不能期望他們去處理效益主義計算公式中「無可避免的不確定性與複雜性」。

因此，根據效益主義的原則，在特定的情況下，可以私下建議去做一些不適合公開宣揚的事情；有些事情，或許適合教給某一群人，卻不適合教給另外一群人；有些事情，如果相對低調地偷偷去做，或許可以認為是對的，但要是當著全世界公開去做，可能就錯了。

到了二十世紀，與菲莉帕・芙特同一年代的黑爾，又是另外一個雙重效益主義的擁護者。[4] 生命太複雜，時間又太短暫，所以我們只能依據一套馬馬虎虎的規則來過日子，勉強保持平衡，創造出整體而言最好的結果。我們當然知道，不管是天橋上的胖子，或是剛好走進醫院的年輕人，不能殺害旁觀者就是一個明智合理的規則。即使在那個醫生可能殺害某個有罕見血型的人以便拯救五個垂死病人的難題中，這個行動所得到的好處，套用效益主義的話說，也被這種行為所引發的恐慌焦慮給抵銷了。因為你可能無時無刻不在擔心，也許有一天你到醫院去探望生病的親人，結果就淪為手術刀下的亡魂，被外科醫生開腸剖肚，取出器官。所以，我們還是要遵守那套馬馬虎虎的規則。而我們的規則又不時會產生矛盾，也許我們為了遵守某一條規則，結果卻違反了另外一條規則。比方說，如果有人問你喜不喜歡他新剪的髮型，這時候「說實話」與「不要傷害別人的感情」之間就會有所矛盾。黑爾說，當規則彼此矛盾時，你應該訴諸內在的效益主義判斷，然後根據效益主義的標準，決定在這樣的情況下，你要拋棄哪一條規則。

・疑慮之處

效益主義的電車學者，這個名詞本身就有矛盾。電車學這個哲學的次學門之所以存在的理由，就是在各種犧牲一個人或五個人的案例中，找出其中的差異，但是效益主義者打一開始就否定了這些案例有任何本質上的差別。效益主義者並不會很認真看待什麼意圖與預見、有所為與有所不為、動手殺人與見死不救、主動與被動義務之間的差異。的確，效益主義者可以提出洋洋灑灑的理由，說明殺死那個胖子或是到醫院探病的健康人為什麼會讓人感到不安，我們為什麼可以鼓勵這樣的不安，因為最後的結果還是會促進整體的利益。然而，思想實驗畢竟是思想實驗，效益主義者終究還是要接受基於他們立場的邏輯：情境也可以重新編排，讓效益主義者無法訴諸規則。[5]

因此，假設有位效益主義的哲學教授站在那個胖子旁邊，他知道那個胖子的死亡可以被視為意外墜落，不會有人發現事實真相，也不會影響到社會團結。再假設那位教授的頭腦清楚，而且由衷地信仰效益主義，並且可以準確地預測到他不會因為殺死那個胖子而感到心裡不安。在這樣的情況下，那位教授一定會歸納出一個結論：殺死那個胖子是對的。

在這樣的情況下，那些仍然不願意殺死胖子的人，可能會認同伯納德・威廉斯的看法；這位英國哲學家認為，效益主義根本就有缺陷。早在一九七〇年代，威廉斯就設計出兩個思想實驗，證明效益主義無法全面掌握我們道德生活中的各種主要層面。

第一個實驗的主角是喬治，第二個實驗則是吉姆。喬治是合格的化學家，卻找不到工作，又有老婆和年幼的孩子要養。有一天，同事跟他說，有個研究生化武器的實驗室正在找人，而且待遇不菲；喬治反對這樣的研究，於是說他不會去那樣的地方工作。他的同事又跟他說，如果他不去的話，這份工作就會落在跟喬治同一個年代的另外一位化學家身上，而那個人對這樣的研究充滿了狂熱。這時候，喬治該怎麼做呢？

接著，再想想吉姆的難題。吉姆來到南美洲某個小鎮的鎮中心廣場，看到二十個嚇得魂不附體的印地安人被綁成一排，靠在牆邊，因為有幾個人持槍瞄準他們。武裝人員的隊長來了，跟吉姆聊了幾句；他解釋說這二十個人是在一次反政府抗爭行動中被捕，然後隨機挑選出來的，他要殺掉他們，殺雞儆猴，藉以嚇阻未來的抗爭。不過，因為吉姆是來自異地的貴客，所以他要給吉姆一個親手殺死其中一個印地安人的殊榮。如果吉姆願意接受的話，其他的印地安人就能獲釋；反之，二十個人全部都會被槍殺。這時候，吉姆該怎麼做呢？

在喬治的情境中，威廉斯的重點在於指出效益主義者無法說明個人的正直。從效益主義的角度出發，所有條件都指向一個結論：喬治應該接受那份工作，因為這不但給他帶來急需的收入，事實上也可以阻止，而非助長生化武器的研究。不過，威廉斯說，期望喬治只是因為效益主義的公式就放棄他最珍惜的個人信念，那也太荒謬了。

至於吉姆的難題就跟胖子難題比較接近。威廉斯認為，權衡得失之下，吉姆應該殺死那個印地安人。不過，效益主義的問題在於，如何評估這個情況，如何權衡行動理由的輕重。對效益主義者來說，吉姆應該這樣做，原因再明顯不過了：一命抵二十命。但是，威廉斯說，這樣的說法忽略了一個事實，如果吉姆拿起槍，那麼殺人的就是吉姆。效益主義者，套句哲學家的專業術語來說，沒有考量到「行動主體」(agent)。效益主義者心心念念的是**什麼**可以創造出最好的結果，而不是**誰**來創造這個結果，或是如何創造出這個結果；不論這個結果是因為吉姆採取了行動，或是因為他沒有採取行動所導致的，都無關緊要。不管我們沒有做什麼，或是做了什麼，同樣都要負責。可是我們平常並不是這樣看事情的。如果吉姆沒有鼓起勇氣射殺那個印地安人的話，我們會認為殺害二十人的兇手是那個隊長，而不是吉姆。在威廉斯的眼中，效益主義者犯了一個錯誤，就是相信他們可以「從宇宙的視角」來評斷行為。

可是，強硬派的效益主義者正是鼓勵我們從這種鳥瞰的視角來評估結果。彼得・辛格是一位最為人熟知的當代效益主義思想家，他認為應該要把胖子推下天橋，而且這樣做跟在岔路難題中將電車轉向並沒有差別。

在大多數哲學家看來，這樣的結論正是效益主義研究方法的「歸謬論證」

（*reductio ad absurdum*）。對他們來說，這似乎完全違悖常理，也引起了兩個問題。在這些事情上，我們為什麼應該要如此認真地看待自己的本能感受與反應？還有，哲學家有任何的特殊權威、任何獨特的見解，來判斷什麼是對，什麼是錯嗎？

要回答這些問題，就算不是完全拆除，都必須要打破或鏟平哲學與其他學門之間的藩籬。

註釋

1 註：不過值得一提的是：這裡的資料出自彌爾的《自傳》（*Autobiography*），有些片段可能只是家族裡流傳的迷思。

2 註：有時候，彌爾會被稱為「規則效益主義者」，不過這個標籤對彌爾來說是有爭議的。一個規則效益主義者相信，任何行動，只要符合能夠創造最大利益的規則，就是對的。而規則效益主義者都相信，即使在某些特定的情況下，最好是破例一下，以便創造最大的快樂或福祉，但是我們仍然應該要遵守規則。

3 註：威廉斯，一九八五年，第一〇八頁。威廉斯用這個名詞讓大家特別注意到他所謂的「殖民主義與效益主義之間重要的關聯」。

4 註：詳見黑爾，一九八一年。他將這兩個思考的層次，分別稱為「直覺思考」與「批判思考」。

5 註：應該要說明一下，有些結果論者，其中最為人所知的就是布萊德・胡克（Brad Hooker），也認為我們應該找出能夠讓快樂或福祉最大化的規則，然後就堅持這些規則，即使在某些情況下，違反這些規則，可能反而會增加快樂或福祉。

PART 2

實驗與電車

Chapter 9

離開安樂椅

你讓人看看他是什麼樣子，
他就會變好。

——安東・契訶夫（Anton Chekov）

哲學問題
不是實證的問題。

——茱蒂絲・賈維斯・湯姆森

在傳統的諷刺漫畫中，古板守舊的哲學家總是安坐在一張特定的座椅上，深奧的思想就從這個久坐不動的姿勢誕生；然而，這不是一張普通的板凳、長條椅、搖椅、沙發、躺椅，更不是——謝天謝地，但願不是——懶骨頭或是折疊椅（話雖如此，如果有學生到維根斯坦在劍橋那間別無長物的研究室裡，他倒是會拿折疊椅給他們坐就是了）。哲學家的座椅一定是一張扶手椅，無疑是一張又深又舒適的扶手椅，邊緣還有一點磨損的痕跡，而且扶手的寬度還夠放一本書和一只沾滿指紋的玻璃杯，裡面盛著雪莉酒。

正是這樣的一個形象，成就了一個新運動的標誌。這個運動有個很像是由公關公司策劃出來的標籤「x-phi」，也就是實證哲學的英文縮寫，是帶有實驗色彩的哲學。近年來，有許多部落格、期刊和書籍，都全心投入實證哲學的論述，充沛的研究經費也撥給提倡此道的學者。而實證哲學運動的標誌，正是一張燃燒中的扶手椅。

有人批評說，有些實驗雖然高舉著實證哲學的大旗，其實缺乏科學的嚴謹，不應該歸類為哲學。有位批評家就說：「實證哲學令人擔心之處在於它就像基督教科學——既不是基督教，也不是科學！」我們稍後還會討論到這些擔憂。不過，以一個哲學運動來說，實證哲學確實是當前最流行、也最火紅的支派。

至少，從德國邏輯學家戈特洛布・弗雷格（Gottlob Frege）在十九世紀末、二十世紀初發表著作以來，這個坐在扶手椅上的哲學家形象，就一直有些現實的基礎。弗雷格認為哲學是一門只需要邏輯與概念分析工具的學門；如此說來，哲學就真的可以坐在椅子上研究，根本不需要站起來。不像化學，還需要酒精燈；不像歷史，必須查檔案資料；也不像社會學，需要進行田野調查研究。

可是哲學並非始終如此。哲學成為一門單獨的學門，其實只是很晚近的事；在此之前，歷史上有很多哲學家也經常會使用實證科學的發現，有些哲學家甚至還自己動手做實驗，像分類學的先驅亞里斯多德，就解剖過各式各樣的生物，從甲殼類動物到墨魚、烏賊，不一而足。[1] 實證哲學運動宣稱這只是回歸更早的年代，也就是當哲學的自我概念還要更寬廣，也尚未從其他學門獨立出來的那個年代。誠如一位實證哲學運動的領袖所說的，實證哲學「更像是一個復古的運動，一種回歸傳統哲學的嘗試。」

儘管實證哲學曾經大量引用社會心理學的作品，但是在此之前，還借用了很多不同的方法學，透過調查研究，解構我們日常生活中的直覺。不管是面對真實或是想像的情境，哲學家都大言不慚地宣稱他們的反應肯定是舉世皆然，在各個地方，只要是心智正常的人會有同樣的反應。他們會說：「我們全都同意……」

茱蒂絲・賈維斯・湯姆森就提出了一個典型的範例。假設在醫院裡有五個人生命垂危，倒不是因為生病，而是病房裡的天花板搖搖欲墜，可能會壓在他們身上；我們可以用充氣的方式，搭起一個支撐天花板的裝置，避免這個可能發生的災難，但是如此一來，卻無可避免地會釋放出有毒氣體，傳到第六個人的病房。寫到這裡，她說：「**很顯然的**，我們不會這樣做。」但是實證哲學已經開始顛覆了這個自信滿滿的假設。牛津大學桑默維爾學院與聖安妮學院的直覺，是否真的會跟納許維爾（Nashville）或是聖彼得堡（Saint

Petersburg）的居民一樣呢？

在哲學的許多領域中，而不只是在倫理學，跨文化社會學的直覺研究正在為一百歲的老問題注入新的能量。以知識與信仰之間的關係為例，我要如何才能確認自己**知道**一件事，而不只是**相信**而已？在過去，這個標準答案曾是，如果我能夠證明某個信念為真，就表示我知道了。如果要證明某個信念為真，則必須符合下列三個條件：①我相信此信念為真；②此信念確實為真；以及③我有充分的理由相信此信念為真。舉例來說，我知道前面有個人被綁在鐵軌上嗎？呃，如果**真的**有一個人被綁在鐵軌上，而我定睛一看，看到一個人被綁在鐵軌上，那麼我當然就可以說我**知道**有一個人被綁在鐵軌上。

可是在一九六三年，有位在底特律的韋恩州立大學（Wayne State University）任教的美國哲學家艾德蒙・葛棣爾三世（Edmund L. Gettier III）卻設想出一些問題重重的案例。葛棣爾一直沒有發表論文，因此受到來自學校官方的強大壓力，要求他出版一些學術著作，於是他不甘不願地寫了一篇三頁的論文〈證實為真的信念就是知識嗎？〉(Is Justified True Belief Knowledge?)，他自己對這篇論文沒有太大的興趣。「直到最後下定決心之前，我連想都不會去想要交出一篇什麼都沒有，只有充滿反證的論文。」此後，他再也沒有發表任何著作，因為「我已經無話好說了」。然而，他的這篇短文卻成為當代哲學中最有影響力的論文。

葛隸爾式的情境如下。假設在上述的難題中，我在鐵軌上看到的其實是一棵倒下來的樹幹，看起來很像一個人，而且我遠遠地看過去，也誤認是一個人。再假設，純屬偶然，確實有個人倒在這棵樹幹的後面，被綁在鐵軌上；我相信有個人被綁在鐵軌上，也確實有個人被綁在鐵軌上，而我有充分的理由相信有個人被綁在鐵軌上（因為我看到軌道上有個像人的物體）。可是，我能據此聲稱我**知道**有個人被綁在鐵軌上嗎？又或者如葛隸爾所說的，我純粹只是相信而已？

西方哲學家都想當然耳地認為，在這個案例中，葛隸爾說得沒錯，我只能說我**相信**鐵軌上有個人，但是如果我說我**知道**如此，就是錯的。最近，實證哲學的團隊捲起袖子，拿出鉛筆與紙板，他們並沒有將葛隸爾的直覺視為理所當然，而是向一般大眾提出這個問題，而且是包括了東西方的民眾，結果完全出人意料之外。他們的實驗結果顯示，西方的受訪者認同葛隸爾的說法（也就是我只是**相信**鐵軌上有人），但是在東亞地區的受訪者絕大多數都說，我**知道**鐵軌上有個人。[2]

當受訪者被問到其他歷久彌新的哲學問題時（例如自由意志），也出現了同樣有趣的結果。假設整個宇宙的命運都早已注定，完全受到因果法則的控制（這是個爭議頗大的前提），我們還可以聲稱人有自由意志嗎？自由意志跟道德責任又是否相容？如果我的行動或多或少都是一連串因果注定的必然結果，我還應該因此受到讚揚或譴責嗎？

結果顯示，受訪者對特定情境知道的核心細節愈多，就愈可能會傾向「相容論」。也就是說，他們會認為即使一個人的行動是因果關係導致的必然結果，他還是可以有行動的自由，也應該負起道德上的責任。反之，如果例子愈抽象，受訪者就愈少會使用像是「讚揚」或「譴責」的概念。因此，告訴受訪者一個凡事都是由因果注定的故事，並且鉅細靡遺地描述其中的細節：故事的主角瑪麗在銀行擔任收銀員，她一心想要升遷，但是在職場上卻有一個對手叫麥克，是個和藹可親、體重有點過重的四十五歲中年男子，他患有氣喘，有一天在散步途中剛好停下來喘口氣，靠在鐵路天橋的欄杆旁休息，這時候，瑪莉正好遇到他，於是就用力往他背後一推……在這樣的情況下，受訪者比較會傾向認為瑪麗必須為殺人負起道德上的責任。反之，如果只跟受訪者說在這個因果注定的宇宙中，有個人被推下天橋致死，而完全不提可以讓他們有所聯想的細節，那麼他們就比較不會傾向要求瑪麗負責。

幾乎每一個相關的哲學問題，最後就要靠某種直覺來回答。我再舉一個惡名昭彰的問題為例。當我們提到「菲莉帕・芙特」這個名詞時，我們指的是什麼東西？或是什麼人？其中一個答案是，我們指的是一個符合某種特定描述的人，例如「發明電車問題的那個女人」。美國哲學家兼邏輯學家索爾・克里普奇(Saul Kripke)認為這樣的說法是錯的；他提出以下各種思想實驗，來說明理由。假設有另外一個哲學家，姑且稱她為菲莉洛普・韓特[3]，她想出了電車問題，而且正好在她死前跟菲莉帕・芙特提到這個問題，於是芙特就據為己有。在這樣的情況下，當我們提到菲莉帕・芙特，當然不會是指比芙特本人更符合菲莉帕・芙特那個描述的菲莉洛普・韓特，不是嗎？的確，在使用類似問題的調查中，美國哲學家都認同克里普奇的直覺，在他們看來，使用「菲莉帕・芙特」這個名字不會是指「菲莉洛普・韓特」。可是當這個實驗在香港進行時，大多數人都不同意，對他們來說，任何人使用「菲莉帕・芙特」這個名字確實就是指「菲莉洛普・韓特」。

・你說我聽

電車學也受到實證哲學的熱烈歡迎，有無數的研究在調查哲學家的直覺與坐在克雷芬[4]的公車上的乘客是否一致。也有各式各樣的實驗設計來測試我們的電車直覺，研究其穩定性以及可能對其造成影響的因素。

有些實驗規模都很小，不過網際網路提供了一個儘管不無瑕疵，卻廉價而便利的方法，可以大規模地蒐集、整理意見，並且相互參照；哈佛大學就負責管理其中一個蒐集資料的工具。從二〇〇四年開始，「道德感測試」（Moral Sense Test）就利用這個工具蒐集意見，已經有二十多萬人在無數的情境中測試他們的道德直覺，其中有數以萬計的人都不是美國人。從任何統計學的標準來看，這都是相當足夠的樣本，不過在詮釋這些數據時還是得非常謹慎才行，因為那些參與測試的人可能在某些方面都沒有足夠的代表性，未必可以代表一般民眾——別的不說，他們對道德哲學都異常感興趣。

另外一個大型調查研究則是由英國國家廣播公司（BBC）在線上進行的，共有六萬五千人參與了這項調查。在各個不同網站上所做的調查，結果並沒有太大的差異。BBC發現，大約有八成的人同意，應該要把電車引導到岔路上；但是只有四分之一的人認為應該要把胖子推下天橋。其他的研究則顯示，在岔路難題中，有將近九成的人會動手去轉換軌道；但是也有九成的人不願意動手去推胖子。

調查也發現了一些性別差異。一般而言，女性顯得比較傾向避禍（比較不會去推胖子或是在岔路上轉換軌道），男性則比較傾向效益主義（比較會去推胖子或是轉換軌道）。另外還有一些其他的人口學變數：醫護人員比軍人更傾向避禍（二者之間還穿插著其他的職業別）；有宗教信仰的人（調查中大多是基督徒）比沒有宗教信仰的人更傾向避禍；保守派比自由派傾向避禍。不過，這些差異都不大，而且整體看來，貧富、教育程度、來自已開發世界或是較低度開發國家的背景，都沒有顯著的差別。

訴諸這樣的調查研究，在哲學上有什麼價值呢？有些人說，沒有，這些事情一點價值也沒有；其中包括劍橋大學著名的哲學家休．梅勒（Hugh Mellor），「如果這就是哲學，那麼用問卷詢問大家是否認同圓形是方的，也算是數學囉？那顯然不是。」

可是蒐集調查資料、建立直覺資料庫等方法，已經對我們的直覺是否可靠提出了問號，同時也提出了一個相關的問題：專家的直覺是否就比平民百姓的直覺更可靠？

註釋

1 註：值得注意的是休謨的重要著作《人性論》（*A Treatise of Human Nature*）就有一個副標題：「將實驗推理的方法引入道德議題之初試」。

2 註：詳見溫伯格（Weinberg）等人，二〇〇一年。不過其他人並無法複製出同樣的結果。

3 譯註：作者在此玩了一個文字遊戲，借用「Philippa」的諧音「Penelope」為名；而姓氏則將「Foot」（原意為腳）改成「Hand」（原意為手）。

4 譯註：Clapham是英國倫敦西南方的一個行政區。

Chapter 10

就是覺得不太對勁

這唯一真正有價值的事情，
就是直覺。
——愛因斯坦(Albert Einstein)

知名的羅勃特・恩格・凱宛蕭教授提出一個電車問題。當時正下著傾盆大雨，有個男人撐著傘，穿越火車軌道；以他當時的所在位置來說，他實在應該更小心一點才是，可是他在趕時間，所以沒有注意到有列火車正朝著他衝過來。火車的速度很快，衝撞的力道也極大，因此他被撞得四分五裂，當場斃命，還有部分屍塊飛到半空中，其中一大塊撞到了一位在月台上等車的婦人，害她受到重傷。有個問題要問哲學系與法律系的學生：這個婦人可以控告這個死掉的男人，並且針對他的資產提出賠償請求嗎？

不過，我們暫時先擱置這個超現實的電車問題。

・舒適圈

閱讀電車問題的文獻資料有點像是看藍波系列的電影：你知道再過不久又有人要死了。死亡威脅來自四面八方，從農用拖拉機、火車、坍塌的天橋，到炸彈、毒氣，不一而足。這些案例也都有一些稀奇古怪的名字：當然有「環狀軌道難題」，還有「雙重環狀軌道難題」、「多推一把難題」、「輪鞋難題」、「三島難題」、「拖拉機難題」、「轉盤難題」等。對於那些一心想要吸引學生注意、誘發學生熱情的哲學教授來說，電車學不啻是天上掉下來的禮物，但是這跟現實世界有任何關聯嗎？我們又要多認真地看待自己對於這些光怪陸離案件的直覺呢？

就在約翰・彌爾修訂完《效益主義》（*Utilitarianism*）一書的整整一百年後，又有一本書問世了；這本書受到學術界幾乎同等的重視，也討論到我們應該多重視自己的直覺這個問題。一九七一年出版的《正義論》（*A Theory of Justice*）旨在提出治理正義社會的一整套規則。這本書的作者是一位不太說話，甚至有點書呆子氣的哈佛大學教授約翰・羅爾斯（John Rawls）；雖然除了學術圈之外，可能只有極少數人看過這本書，但是此書確實提出了激進的觀點，對後世的影響也很深遠。

這本書最激進的觀點就是，唯有在對最弱勢團體有好處的時候，才能允許不公平待遇。而《正義論》影響最深遠的地方並不是在大學院校，儘管它確實為政治理論注入了青春活力，而是深深影響了各國的政府、政治人物與官僚體系。這本書促使了決策者在權衡政策的時候，不再只用中立的效益主義觀點，而是更關注社會中最弱勢、也最貧困的族群。當然，教育、醫療和交通政策都必須考量到是否能夠提升整體的水準，但尤其是現在這個時代，也應該要考量到這些政策對最貧窮、最邊緣化的個人與群體會造成什麼樣的衝擊。

羅爾斯在《正義論》書中使用了一個詞，跟胖子的命運息息相關：「反思均衡」(Reflective Equilibrium)。道德理論無法用檢驗分子理論的方式來驗證；我們可以用顯微鏡來檢驗分子理論，但如果要檢驗道德理論，就必須訴諸心靈的內在資源。

簡略的說，當我們在特定案例中的一般性原則與個人判斷保持一致和諧時，就處於一種反思均衡。比方說，我們一開始的原則可能是「不應該說謊」，但是假設在某種情況下，如果我們講了實話，會讓很多人的性命危在旦夕呢？這個時候，或許我們就應該修正原則，稍微稀釋一下：「除非說實話會造成嚴重的傷害，否則不要說謊」，或是諸如此類的陳述。

反過來說，我們也可能希望堅持自己的原則，而忽略任何有衝突的直覺。彌爾對自由有個原則：我們應該有充分的自由去做任何不會傷害到其他人的事。那麼，手足之間如果彼此同意在私底下進行「安全」而不會造成任何心理創傷的性行為呢？堅信彌爾原則的人可能就必須克服他們對這種手足之間性行為的本能反感才行。他們可能認為應該不要去理會自己在乍聞手足之間性行為的本能反感，經過三思之後，認定我們不應該因此修訂或是動搖彌爾的原則。

羅爾斯說，當我們對原則的普遍信仰以及對個案的個別認知達成一致時，就是處於反思均衡的狀態。

反思均衡並不是處理直覺的唯一模式，不過卻是最具優勢的一種。[1]然而，近幾年來，我們對於直覺的依賴從兩方面受到持續不斷的攻擊。其中一方的攻勢就直接跟類似電車的場景相關，攻擊的人說，因為這些場景都太不

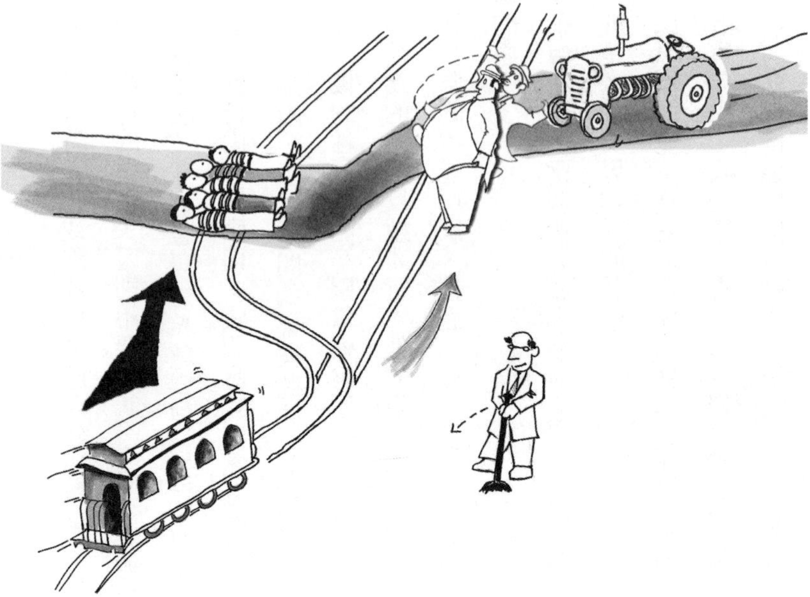

圖八：拖拉機難題。
失控的電車朝著五個無辜的人衝過去。電車還不是唯一威脅到他們性命的危機；他們即將遭到另外一個與此無關的威脅——一輛失控的拖拉機也朝著他們狂奔而去。光是改變電車的行進方向也是無濟於事，因為這五個人無論如何都會被拖拉機輾過去。如果你改變電車的行進方向，它就會輕輕撞到另外一個人（不至於讓他受傷），將他推到拖拉機的行進路線上。這個人被拖拉機撞到之後，可以擋住車子，但是他也會因此死亡。

真實了，因此無法從哲學論文中撕下來，移植到現實世界中。而另外一方面的攻擊則比較普遍，因為最近的社會科學研究都一再顯示我們的直覺在各個領域中是多麼不穩定，也不夠理性。

・拖拉機與翻滾

針對第一項指控：沒錯，儘管有些電車場景的設計十分精巧，令人讚嘆，但是也確實引來不少訕笑。以電車學界的元老法蘭西絲・卡姆為例，她就創作出許多讓人嘆為觀止的案例，還寫了《錯綜複雜的倫理學》(*Intricate Ethics*)一書，這本書的書名還不及書中各種迂迴曲折案例的萬分之一。

還是一樣，一列失控的電車朝著五個無辜的人衝過去。這一天，他們還真是倒楣。他們不只是被綁在鐵軌上，也不只要被電車輾過去，而且還有另外一個與此無關的威脅，有一輛失控的拖拉機也朝著他們狂奔而去。如果這

圖九：翻滾難題。
失控的電車朝著五個人衝過來。你無法改變電車的行進方向，但是可以移動那五個人。但是如果你這樣做的話，這五個人會從山坡上翻滾下去，他們的體重會壓死正好在山下的一個人。你應該要移動這五個人嗎？

五個人無論如何都會被拖拉機輾過去，就算改變電車的行進方向也是無濟於事。可是……!!

這五個倒楣透頂的人還有一線希望。如果你改變電車的行進方向，「它就會輕輕撞到一個人（不至於讓他受傷），將他推到拖拉機的行進路線上，因此拖拉機就會撞上他而停下來，但是他也會因而死亡」。

這個案例**眞的**很巧妙：不但有岔路情境的元素，也有胖子情境的元素。改變電車行進方向不讓車子撞到那五個人，看似沒有問題，雖然會有一個人死掉；這跟岔路情境差可類比。但是如果這個人的身體沒有兼任阻擋拖拉機的角色，那麼就算改變電車的行進方向也無濟於事，因為那五個人還是一樣得死；這又可以跟胖子情境相互對照。

但是你有強烈的直覺該怎麼做嗎？沒有？卡姆教授很清楚。她確信改變電車的方向是錯的。

好吧，再來看看翻滾難題好了。

這一次，你無法改變電車的行進方向，但是可以移動那五個人。不幸的是，這五個人會從山坡上翻滾下去，他們的體重正好會壓死坐在山下的一個人。那麼，我們可以移動這五個人嗎？你不確定？但是卡姆教授說可以。卡姆書中再往下幾頁，又有一個電車工具難題。電車正朝著一個有用的工具撞過去，而這個工具可以拯救許多人的性命。你可以改變電車的行進方向，讓電車撞死一個人，但是你應該這樣做嗎？還有疑惑嗎？但是答案（或者毋寧說是她的答案）是你不該這樣做。

可是，我們為什麼要相信卡姆說的話都是對的呢？難道一位在電車學的大路小徑上走了幾十年的哲學教授，對於道德問題就真的有特別敏感的天線嗎？呃，也許吧，畢竟我們會期望品酒師的味蕾會比一般酒鬼更敏銳，可以分辨出酒的品質與等級；我們對於藝術專家也有類似的期許，指望他們在看到一幅畫時，會比我們更能評估這幅畫的優劣。[2]

然而，卡姆有許多曲折迂迴的案例，甚至連電車學者都各有各的看法，莫衷一是——於是，訴諸專家的結果不過爾爾。當然，如果說在岔路與胖子難題中，不論是哲學家或一般老百姓的直覺都很堅定的話，那又不盡然是事實。不過，對電車學的批評是：因為所有的謎題都不切實際，因此所有的案例都一無是處。據瑪麗・蜜潔莉（Mary Midgely）的說法，甚至連她的老友菲莉帕・芙特可能都對她一手催生的這個新興次學門感到氣餒：「這個電車問題的產業只是另一個令人沮喪的證據，證明了學院派哲學家只專注在精心挑選的人為例證，藉以逃避研究實際問題的壓力。」[3]

在現實世界中，我們不會遇到丁字路口的倫理問題。在現實世界中，我們不會受到只有兩種選項的限制，人生也不是非X即Y，我們有多重的選擇，這些選項都跟複雜的責任、義務與動機糾結在一起。更重要的是，在現實世界中，沒有什麼是確定的。如果我把胖子推下去，可能會因涉嫌謀殺受審；或許我也會擔心自己的一舉一動都在監視攝影機下無所遁形。我無法確定自己是否有足夠的力氣將胖子推下天橋（如果真的動手去推他，不是會產生遭到他抵抗，反倒將我推下去的危險嗎？）。我無法確定如果我不介入，電車就一定會一路前行，壓死那五個人；或許他們可以割斷繩索，自行逃生；或許電車司機有辦法控制住電車；還有，我真的完全找不到任何一個體積龐大的物品，可以像胖子的身體一樣有效地擋住電車嗎？

・現實世界中的電車

面對人為虛構的抨擊，電車學的最佳策略就是正面迎擊。思想實驗都是刻意設計出來的，然而大部分的情境都不會脫離現實太遠，也不會跟實際案例完全不搭軋。

有個諷刺哲學家的笑話。問題：換個燈泡，需要幾個道德哲學家？答案：八個。一個動手換燈泡，另外七個人負責維持著其他條件不變。不過，正是因為這些電車場景是經過如此精心設計出來的，所以才會實用。現實生活中充滿了各種雜訊、道德上的雜音；現實生活的錯綜複雜，讓人難以找出道德理智中的適切因素。電車難題在設計上就單獨抽離出原則，凸顯相關的差異；唯有隔絕令人分心又扭曲事實的雜音，才能達到這樣的效果。我們可以拿科學的方法來做個粗略的類比。在實驗室中，假設你要測試燈光的效果，那麼你會控制其他變數維持恆常，只在燈光上變化；同樣的，如果你要決定某個特定因素在道德上是否相關，那麼你就要假設兩個案例，保持其他變數一致，只有這個特定因數會出現差異。

況且，基本的電車難題也並非不著邊際的天馬行空，與現實完全脫節。親愛的讀者，先前我跟各位開了一個小玩笑：在本章一開始的時候，我提到一位羅勃特・恩格・凱宛蕭教授，其實他是虛構的；但是他的電車難題卻是真人實事。這個意外發生在芝加哥，當地的上訴法院在審閱過這個案子之後，判決那個婦人獲得勝訴，裁定那位意外死亡的年輕人博之・約胡（Hiroyuki Johu）必須要為她的傷勢負責。根據法院的判決，他應該要預見自己如果被火車撞到，他的屍體會飛向月台，傷害到等車的乘客。

當然，像這樣的案例本身就很離奇。但是重點是，這並非完全不可能發生的事。最近在美國也發生了一個案例，看起來就很像是哲學導論課的講師設計出來的情境。這個案子的主角是胡坦・魯佐克（Hootan Roozrokh）醫生，法院最後在二〇〇九年判決他無罪。他的案子之所以引起哲學上的議論，是因為這些起訴他的件案本身的性質。

這些案子都跟一位名叫魯本・納瓦荷（Ruben Navarro）的病人有關。納瓦荷出身勞工階級的拉丁裔家庭，才二十五歲，即將屆滿二十六歲。十五年前，他的母親羅莎發現他的平衡感開始惡化，他跟其他孩子一起玩的時候，比其他人都更容易跌倒。她說，就好像看小鹿斑比在冰上走路似的。後來，他被診斷出罹患了大腦白質退化症，那是一種漸進式的罕見遺傳疾病，可是因為好萊塢電影《羅倫佐的油》（*Lorenzo's Oil*）而為世人熟悉。後來，羅莎自己也因為殘疾行動不便，只好將魯本送進療養院；之後，他的病情急劇惡化。到了二〇〇六年一月，他因為陷入昏迷，不省人事，送進景觀山地區醫療中心（Sierra Vista Regional Medical Center）急診，其間又發生呼吸心跳停止，導致大腦缺氧受損。醫院說他不可恢復，於是醫院徵詢羅莎是否同意在魯本死後捐出他的器官，她也簽字同意了。

到了這個時候，一位年輕醫師胡坦・魯佐克登場了。魯佐克代表加州器官移植捐贈網路（California Transplant Donor Network）趕赴醫院；這是個值得稱頌的組織，其宗旨是透過捐贈可供移植的器官與組織拯救生命，改善生活。魯佐克到了醫院，準備在魯本宣告死亡之後，摘除他的器官，可是在拔掉了魯本的呼吸器之後，整個計畫被打亂了——魯本的身體頑強地不肯放棄生命。然而，器官必須在關掉呼吸器的三十到六十分鐘之內摘除，超過了這個時限，器官就不夠新鮮，無法進行移植手術。可是魯本的心臟卻只是慢慢衰竭，他的大腦依然維持運作。

而控告魯佐克的陳述理由是，他命令護士替魯本施打了劑量比平常高的兩種藥物：嗎啡與安定文鎮靜劑（Ativan），目的是加速他的死亡。結果，魯本還是多花了好幾個鐘頭才宣告死亡，到了那個時候，他的器官早就不能用來移植了。法院判決魯佐克醫生無罪，是因為接受了他的證詞，認為他並沒有加速死亡的意圖，只是希望確保病人在移除了生命維持器之後不會受苦。

然而，這個控訴案跟茱蒂絲・賈維斯・湯姆森、菲莉帕・芙特與其他哲學家都曾經引用過的虛構情境有雷同之處，也就是醫院訪客遭到殺害取其器官的案例。這雖然不是常見的案例，不過引發的問題卻很像電車文獻裡討論的問題。如果魯本快一點死，就有好幾個人的性命可以得救。最新的數據顯示，光是在美國，每天就有十八個人因為等不到器官移植而死亡，死亡人數比美軍在伊拉克和阿富汗戰場上還要多。目前在美國，還有十幾萬人在全國等候名單之中，等候可供移植的心臟、肺臟、腎臟、胰臟或是其他內臟。

可是，就算電車學者大力駁斥人為虛構的指控，還有其他更基本的反對力道。

不只是電車學的直覺遭到質疑，而是所有的直覺。

這個顯而易見的結論，並不是出自哲學家之手，而是一名心理學家丹尼爾・康納曼(Daniel Kahneman)的研究。康納曼曾經獲得諾貝爾經濟學獎，基本上就是跟他的同事阿莫斯・特維斯基(Amos Tversky)一起發明了現正蓬勃發展的一個次學門——行為經濟學，旨在調查人類在現實生活中如何做經濟上的決定。

在特維斯基與康納曼之前，各個學派的經濟學家都認定商品生產者與消費者都是理性的經濟行動者，會根據個人的喜好，做出合乎邏輯、有一致性的選擇。康納曼卻給這樣的假設一個迎頭痛擊。他跟同事進行無數次的實驗，結果發現智人這種生物，經常受到連他們自己都不知道的衝動影響，非但思考沒有邏輯，而且腦筋也不清楚，有時候甚至還相當愚蠢。

其中一個出名的測試就牽涉到一種致命病毒的情境。美國衛生當局正在準備因應某種疾病的大流行，康納曼將其稱為「亞洲病」，或許是故意要讓這種疾病聽起來格外險惡。總之，如果什麼事都不做，這種病會導致六百人死亡。好了，現在有兩種可能採取的因應方式：

- 你可以選擇A方案。如果你這樣做的話，可以拯救兩百人。
- 你可以選擇B方案。如果你這樣做的話，有三分之一的機率，可以拯救六百人；但是也有三分之二的機率，一個人也救不活。

這時候，你該怎麼做？現在，再假設這種亞洲病會導致六百人死亡，但是你有以下兩種選擇：

- 你可以選擇C方案。如果你這樣做的話，會有四百人死亡。
- 你可以選擇D方案。如果你這樣做的話，有三分之一的機率，沒有人會死；但是也有三分之二的機率，會有六百人死亡。

這時候，你該怎麼做？在研究中，大部分的人認為A方案比B方案好，但是D方案比C方案好。這就怪了，因為儘管陳述的方式不同，A方案其實就是C方案，而B方案也跟D方案一模一樣。顯然選項的陳述方式對於受試者的反應會有（非理性的）影響。

電車學也有相同的結果。心理學家彼得・安格爾（Peter Unger）給學生看一個稍微改動過的胖子難題（他們的選項是將一名穿著滑輪溜冰鞋的大塊頭推到死亡電車行經的軌道上）。可是其中有些學生在看到這個案例之前，會先接觸到其他經過各種不同修訂的情境（因此，在其中一個經過修訂的情境中，學生可以改變另外一列失控電車的行進方向，而電車的路徑上有兩個人，也就撞死了這兩個人）。曾經看過這些不同情境的學生，最後再看胖子難題時，會比較支持殺死大塊頭來阻擋電車。

茱蒂絲・賈維斯・湯姆森的環狀軌道難題也遭到質疑。湯姆森是在岔路難題之後提出環狀軌道難題，她堅稱多出幾公尺的軌道並不會在道德上有任何差別，很多哲學家也認同這樣的說法。接著，湯姆森又推論說，既然在岔路難題中可以改變電車的方向，那麼在環狀軌道難題中也同樣可以。可是，最近的研究卻顯示，如果讓受試者**先**看環狀軌道難題，然後**再**看岔路難題，他們就不覺得這兩個難題可以類比，因此也就比較傾向認為在環狀軌道難題中改變電車方向是錯的。[4]

同樣有趣的情況也發生在胖子難題上，如果在給受試者看岔路難題之前，先給他們看胖子難題，那麼在岔路難題中支持改變電車方向的人數就會少得多。這種次序上的變化，不只是影響到非哲學家，甚至連那些有哲學博士學位的人也受到影響。我們也可以用其他的方式來操縱人對這種道德難題的反應。比方說，這些問題提問的方式是以第三人稱「**菲莉帕**去改變電車的行進方向有錯嗎？」或是第一人稱，「**你**去改變電車的行進方向有錯嗎？」得到的反應也會有所不同。

這些結果都讓我們不得不面對一個問題：哪些直覺才應該認真看待呢？我們又如何認定先看岔路難題可以改善我們對環狀軌道難題的直覺，讓直覺變得更敏銳？抑或是變得更遲鈍，甚至遭到扭曲呢？如果我們想要好好看清楚一根棍子，我們都知道不要將棍子一半沒入水中，因為這會讓棍子看起來好像是彎的，其實並沒有；如果我們想要好好地看清楚一幅畫裡的顏色，我們需要在一間光線充足的房間裡觀察這幅藝術作品。那麼，對於直覺，我們可以給予什麼樣的同等條件呢？我們又怎麼知道自己是在理想狀態下看待一個道德問題，也就是，沒有遭到扭曲又有充分照明的情況。

這個謎題，到目前為止，還沒有哲學家可以提出令人滿意的答案。不過操縱陳述的文字與問題的順序，還是無法消弭胖子難題與岔路難題之間的反應差距；這個差距會縮小，但是縮小的程度有限。不論問題以何種方式呈現，大部分的人仍然認為在岔路難題中改變電車方向是對的，但是在胖子難題中卻是錯的；而且這樣的差別存在於所有族群、所有文化之中，只有極小的變化。

這又讓我們得到一個新的假設。電車問題可能證明了人類的道德是與生俱來的，還有，舉例來說，聖人湯瑪斯・阿奎那在將近一千年前闡釋的雙重效果論，也是我們天性中根深柢固的一部分。

註釋

1 註：有些效益主義者認為我們不應該過度重視自己的直覺，甚至不該列入考量，不過絕大多數的道德哲學家卻相當重視直覺。美國總統生物倫理委員會（President's Council on Bioethics）前任主席Leon Kass在一篇名為「反感的智慧」（The Wisdom of Repugnance）的文章中表示，他對於複製人類的前景感到「深惡痛絕」，他聲稱，「我們憑直覺就可以感覺到——立刻且毋需經過辯論——這樣做違背了我們應該重視的價值。」

2 註：雖然有些研究質疑哲學家到底算不算是「專家」。詳見Cushman等（二〇一二年）。

3 註：寫給作者的電子郵件。

4 註：Liao等，二〇一一年，第六六一至六七一頁。傑夫・麥克馬漢在電子郵件中跟我說，他在對學生做次序效果測試時，也得到類似的結果。

Chapter 11

杜德利的抉擇與道德本能

在眾多無人性的怪異教派之中，
在道德與性格驚人的多樣龐雜之中，
到處都可以看到相同的正義公理
與端莊合宜的概念，
也到處都可以看到相同的善惡觀。

——盧梭

在東京，如果公然地大聲擤鼻涕，會被視為極度粗鄙失禮。在各種不同的文化之間，各種行為的準則，如打飽嗝、打響嗝、放屁、吐痰、抓癢、摳屁股、舔嘴唇、鞠躬、握手、牽手、咀嚼食物、喝湯出聲、咬指甲、剔牙齒、接吻等，都有截然不同的標準。在法國的某些地方，兩個朋友見面打招呼時，會在對方的兩頰各親吻一次；不過在巴黎郊外的某些地區，則必須兩頰各親吻兩次，才算是符合禮節——這比在利雅德可以接受的標準要多出了四次。

儀節和禮貌包含生活中的許多層面：餐桌禮節、身體語言、衣著準則、臉部毛髮、給小費、討價還價、交換禮物的方式、跟朋友和陌生人說話的態度等。比方說，想要申請英國公民的人就應該知道在酒館裡喝酒必須輪流買單。

要在禮節與道德之間劃分一條明確的界線，並不是一件容易的事。對西方人來說（至少對我這個西方人來說），看到在亞洲某些地區的男人（絕少會有女人這樣做）用手指頭壓住一邊的鼻孔，然後用力擤出另一邊鼻孔裡的鼻涕黏液，仍然會引起內心深處某種程度的反感。可是這種感覺卻跟另外一種認知並存不悖：世界上並沒有一種可以說是正確或是客觀上公認正確無誤的方法，來維持鼻腔的清潔衛生，比方說，有些人似乎就認為用手帕擤完鼻涕之後又塞回口袋裡是一件很噁心的事。在不同的文化中，有不同的做法。倫敦人或巴黎人可能會覺得他們跟異性打招呼方式的不同——親吻兩次或三次的差別，是一種禮節上的差異；但是沙烏地阿拉伯的伊瑪目[1]可能會認為公眾親吻不只是噁心，甚至是違反道德的行為。

道德比禮節更應該受到重視，這種說法通常被視為放諸四海皆準。[2]有些人反對女性割禮，或稱為「女性生殖器殘割」(female genital mutilation)，認為這種做法不論在任何地方都是不道德的行為，不過在世界上的某些地方，這種儀式還是十分普遍。然而，儘管我們在做任何道德宣示時，都希望能夠普遍適用，但是事實不證自明：道德實踐就跟禮節實踐一樣，在各地都有截然不同的標準。比方說，墮胎在丹麥就不像在馬爾他那麼受到汙名化；大部分的德州居民支持死刑，而較多的緬因州居民反對死刑；在舊金山，大多數人都認為同性戀性行為是合法的，不過在烏干達首都坎帕拉（Kampala）卻對同性戀深惡痛絕。

不過，最奇怪的地方，或許是有些學術界人士聲稱，人類有與生俱來的普遍道德感，而且還引用電車學來佐證這樣的理論。

・與生俱來的道德

我們可以自動知道「不會動的失控電車聞起來很病態」這樣一句話合乎文法，但是卻沒有什麼意義，但是「不會動聞起來失控電車很病態」這樣一句話卻不合乎文法。這是怎麼一回事呢？

語言學家諾姆・杭士基（Noam Chomsky）在一九五〇、六〇年代以其對後世影響極為深遠的研究，奠定了在學術界上的聲譽；他確認人類的語言本能是天生的。「沒有顏色的綠色點子憤怒地睡著了」是個合乎文法的句子，從造句法的角度來說，完全沒有瑕疵；但是「憤怒地睡著了點子綠色沒有顏色」卻不合乎文法。我們有這種本能，可以掌握語言裡有哪些句子合乎文法，哪些不行。

杭士基發現，正常的兒童可以非常輕鬆地學會語言，遵守通常沒有特別教導他們的規則。他們不但能夠迅速學會如何區別合乎文法與不合文法的句子，同時還能很快地掌握語言使用者的其他重要技巧，例如辨識矛盾或模稜兩可的能力。他們可以利用數量有限的文字與詞彙，組合成無限多的句子。杭士基說，除非我們有某種內建的程式讓我們學會某種語言，否則不可能會有上述的這些能力。

這種程式或語言組成法，一定是非常籠統的一種。在廣州出生的寶寶長大後就會講廣東話，在布達佩斯出生的寶寶可以學會講匈牙利語，而在格拉斯哥出生的寶寶則會講英語（不過帶有一點讓其他同胞都聽不懂的腔調就是了）。從表面上看來，中國話、匈牙利語和英語之間並沒有什麼共通之處；然而，杭士基說，所有的語言一定有某種共通的結構。

一旦孩子學會了一種語言，他們就自然而然地迅速發展出強烈而可靠的本能，知道在語言上哪些是合宜的句子，哪些不是。不過說也奇怪，語言使用者並非始終都能解釋他們的直覺，他們似乎都是潛意識地遵循規則。看看下面這個例子。大部分以英語為母語的人不會說：「這輛黑色的、恐怖的、龐大的電車失去控制。」因為聽起來怪怪的，好像在語言上不太和諧。反之，他們比較可能會說的是：「這輛恐怖的、龐大的、黑色的電車失去控制。」可是，為什麼後者的文字順序才是正確的呢？大部分的人可能都無法立刻提出解答；事實上，就算給他們充足的時間去思考這個問題，還是無法提出正確的解答。[3] 我們不知道怎麼搞的就自然學會的語法規則，其實是從拜占庭時代流傳至今的。在「沒有顏色的綠色點子憤怒地睡著了」的句子中，我們一定是知道「形容詞、形容詞、名詞、副詞、動詞」這樣的句型合乎文法，而反過來的「副詞、動詞、名詞、形容詞、形容詞」則不是。[4]

一九九〇年代，杭士基在麻省理工學院指導的一位研究生約翰・米凱爾（John Mikhail）想到，語言學的模式是否可以移植到道德上，於是就利用電車學的例子，設計了幾組類比測試。

如果語言和道德有強烈的相似性，那麼孩童對這些電車難題可能會有跟成人一樣的直覺，而米凱爾發現的結果也正是如此。他跟著心理學家強納森・海德特（Jonathan Haidt），形容這些孩子是「直覺律師」，不過對米凱爾這個法律學者來說，這是一個正常的描述，而對海德特來說，則是帶了一點嘲諷的意味。[5] 孩子們會有令人驚異的複雜道德判斷，不只是反映了成人的道德觀，而是整個複雜的法律體系。三、四歲的孩子就會用意圖性的概念來區分兩種導致相同結果的行為：一個人不小心撞到另外一個人，害他從天橋跌下去，以及一個人故意把人撞下天橋。法律，還有一般的道德觀，也有同樣的區別。四、五歲的孩子則可以認知到更複雜的差異，同樣的，也類似法律上的差別，事實上的誤失與法律上的誤失。因此，電車司機可能輾過一捆物體，以為只是樹葉，殊不知那是一個人。這可能是事實上的誤失，可以做為法庭判決無罪的理由；如果有充分的理由導致這個誤失，那麼在衡量司機是否有罪時，這個理由就一定會視為有所關連，而必須納入考量。但是如果電車司機解釋說，他確實知道鐵軌上有個人，卻誤以為可以用車子輾過，那麼，這就是法律上的錯誤，不能做為申訴無罪的藉口。

這個假設聲稱，道德天性在非常抽象的層面上運作，就跟語言一樣。我們的規則並沒有特定的內容（像是「不可以罵你岳母」之類的），而且不同地方的道德會有一些差異，這也跟語言一樣。語言的普遍法則可能是一個合乎文法的句子必須要有主詞、動詞、受詞，可是這些詞類在不同語言中出現的次序卻未必相同，例如德語就將動詞放在句末。同樣的，在不同的文化中，也會有道德上的差異。在印度曾經做過一個研究，探討社會與文化期望在電車難題中所扮演的角色。如果行動主體屬於學者（婆羅門）階級，則受試者多半不贊成他動手推人去救五個人；反之，如果推人的行動主體屬於戰士（剎帝利）階級的話，則受試者就比較傾向贊成他動手。但是無論如何，這個假設仍然是，深層的抽象規則（像是「不可以故意傷害無辜之人」）是具有普遍性的。

當時有位在同一個領域的哈佛大學研究人員馬克・浩瑟（Marc Hauser）

也跟米凱爾合作，進行另外一項類比語言的實驗結果發現，不管有多少獨特的案例，道德直覺幾乎都是即時發生且可以預測的，即使是受試者先前從未遇過的案例。而且，如果質問他們為什麼會有這樣的直覺，他們通常都覺得難以解釋，也無法提出正當理由。他們會說：「我也不知道為什麼會改變想法」或是「我也不知道為什麼這個案例看起來就跟前面一個不太一樣」之類的話；又或者，他們也可能會有點尷尬地自嘲說：「我知道這樣不太理性，但是我就是覺得這兩個案例不太一樣。」就算他們提出了解釋，理由也林林總總，不一而足。浩瑟寫道：「這種無法提出合理解釋的情況，並不只限於年紀較小或是沒有受過教育的受試者，而是包括了所有受過教育的成年人、男性、女性，而且不管有沒有道德哲學或宗教背景的人。」[6]有人訴諸神明、情緒、預感、規定（不可殺人！）或是結果（救五個人比救一個人要好）；但是浩瑟在研究報告中指出，有人也直言不諱地提出他們的理由：「就算他倒楣囉！」

藉著稍微扭曲原始電車難題中的變數，米凱爾跟他一起做研究的同僚得以找出來，米凱爾認為可能是我們天生道德感的元素。以下是他提出來的兩個例子，全都涉及一列失控的火車即將撞死五個人。

馬克與蓄意殺人

在支線軌道上有個人。馬克可以扳動轉換軌道的開關，殺了他；又或者，他可以不要這樣做，就讓火車撞死那五個人。這時候，馬克發現在支線軌道上的那個人正是他深惡痛絕的仇家。「我才不關心那五個人呢，」馬克心想，「不過，這是我殺死那個混蛋的大好機會。」馬克扳動開關的行為在道德上是否說得過去呢？

華特與坍塌的天橋

華特站在一個開關旁邊，他可以扳動開關，讓鐵軌上方的天橋坍塌下來，擋住火車的去路，藉此避免那五個人被火車撞死。天橋上有個人。華特可以扳動開關，殺了他；又或者，他可以不要這樣做，就讓火車撞死那五個人。華特扳動開關的行為在道德上是否說得過去呢？[7]

當米凱爾將這兩個案例拿給受試者看的時候，絕大多數人都認為馬克不可以扳動開關，但是華特卻可以。米凱爾只是將原始的岔路與胖子情境稍微做了一點變化，就徹底改變了受試者的直覺。藉著改變人的意圖，米凱爾就得到了不同的直覺；所以我們也不難想像，如果改變其他因素，也可能會影響到人的直覺。假設在岔路情境中：

- 鐵軌上那五個人都罹患了某種可怕的疾病，反正也不久於人世，而岔路上那個人卻是個孩子；或者
- 我們發現，在岔路上那個人遭到不公平的待遇，被五個法西斯流氓硬綁在鐵軌上，然後那五個人又去追打另外一個倒楣的受害者，結果在穿越鐵路時，不慎反而被困在鐵軌上動彈不得；或者
- 那五個人是陌生人，但是另外一個卻是你的女兒；或者

• 岔路上那個人是愛因斯坦（或史達林！）而另外五個人則是像你我一樣的默默無名之輩。

電車文獻中大部分的情境，對於那些生命危在旦夕之人的個人資料幾乎都隻字不提，包括他們曾經做過什麼樣的壞事，或者他們可以或不可以主張哪些特權或是應有的權利；他們甚至無名無姓，更別說有什麼具體的生平細節。可是我們的道德文法所勾勒出來的圖像卻要複雜得多，裡面可能包涵了更多的變數以及這些變數彼此之間大量的互動結果。

在十九世紀，一名英國船艙服務生被人吃掉的故事，就足以說明我們道德文化中格外有趣的幽微差異，而一位博學的義大利人更詳細闡明了這個差異的來龍去脈。

・義大利人的偷天換日

維弗雷多・費德烈可・帕雷托（Vilfredo Federico Damaso Pareto）是經濟學家、政治理論家，也是現代社會學的創始人之一；他跟火車有特別的淵源。他在杜林大學以全班第一名的成績畢業之後，進入羅馬鐵路公司工作。帕雷托是工程師出身，對機械和法律特別感興趣，據某位作家寫道：他「對法律求知若渴」。

離開鐵路公司之後，帕雷托進入了一家鋼鐵公司，最後在青翠茂密的托斯卡尼（Tuscany）山林間落腳，致力於撰寫論文，抨擊剛剛統一的義大利政府施政無能。一八九三年，當年四十五歲的帕雷托獲聘為瑞士盧桑大學的政經系主任，他也欣然就職；儘管他的許多想法在此時早已成形，不過卻是從這個時候開始，他才大量著述，完成了讓他跟我們這個故事扯上關係，也讓他至今留名青史的著作。

帕雷托最崇拜的人是發明運動定律的牛頓爵士（Sir Isaac Newton），而且就跟在他之前的馬克思（Karl Marx）一樣，一心想效法牛頓改變物理界的成就，闖出一番大事業來改變這個社會。帕雷托的本能就像其他科學家一樣，在他的想像中，這個社會始終處在流動變遷的狀態，在不同的均衡點之間移動。

追隨者可以輕易地選擇英雄來崇拜，但是英雄卻難以選擇崇拜他的人。這個不幸的社會定律玷汙了帕雷托的身後聲譽。帕雷托崇拜牛頓，而墨索里尼（Benito Mussolini）又崇拜帕雷托。據說，他在一九〇四年曾經在盧桑大學聽過帕雷托的一些課；後來，儘管這位社會學家在一九二三年過世，距離墨索里尼掌權還不到一年，但是他仍然備受法西斯黨羽的推崇。二十世紀英國和奧地利哲學家卡爾・波普（Karl Popper）痛斥帕雷托是集權主義的理論家，但是法西斯主義者在他的帕雷托原則中找到可以為其所用的理論——百分之八十的結果取決於百分之二十的原因，這實在也不是帕雷托的錯。帕雷托發現，義大利有五分之四的土地都掌握在五分之一的人手中。後來的研究也指出，「八二分」的分配模式不只出現在義大利，而是在許多地區重複出現，而且也不只適用於土地與財產的分配。法西斯主義者就從其中找出可以為其所用的弦外之音——這是個鐵一般的法則。

不過帕雷托還發明另外一個讓他聲名大噪的原則。在經濟學的領域，一件事的狀態若是處於「帕雷托效率」（Pareto efficient）或是「帕雷托最優」（Pareto optimal），那就表示商品的分配已經至臻完美，不管再怎麼重新分配，都不可能在不增加任何一個人損失的情況下，增加一個人或更多人得到的好處。舉例來說，假設某個經濟制度讓A得到兩本哲學書，而B卻拿到三顆橘子；如果我們可以設法改變生產或分配方式，讓A除了兩本哲學書之外還可以拿到一顆橘子，而B則還是一樣可以拿到三顆橘子，那麼前者就可以稱為「帕雷托無效率」（Pareto inefficient）。

可是，這跟電車學又有什麼關係呢？讓我們來看看湯姆・杜德利（Tom Dudley）船長這個極不尋常的案例吧。

・公海上的吃人案

一八八四年七月二十五日，一頭紅髮、個子矮小的杜德利船長持刀刺死了船上的服務生，後來又開始吃他。幾個月後，這名虔誠的英國國教徒以蓄意殺人罪嫌遭到起訴，並且判決罪名成立，被處以絞刑：「從脖子吊起來，直到死亡為止。」可是當時的內政大臣威廉・哈考克爵士（Sir William Harcourt）知道社會大眾絕對無法接受這樣的處分，於是湯姆・杜德利及其同案被告艾德溫・史蒂芬斯（Edwin Stephens）一起獲得減刑，減為六個月有期徒刑。

這是個極罕見的案例，直到今天，法院還會引用這個案例。杜德利坦承自己殺了人，但是對於這個行動被視為犯罪感到震驚與憤怒。他剛剛才經歷了一段可怕的遭遇，歷劫歸來之後，現在又得再重述一次。在法庭上，那名船艙服務生的哥哥走到他面前，非但沒有大聲斥責他，反倒在眾目睽睽之下彬彬有禮地跟他握手致意，在那個時候，他肯定覺得自己無罪。

湯姆・杜德利站在被告席上，以明顯的艾塞克斯口音講述他的遭遇。在謀殺案發生的二十天前，他、那個船艙服務生理查・派克（Richard Parker），跟另外兩個人史蒂芬斯與艾德蒙・布魯克斯（Edmund Brooks），一起在大西洋上航行，準備從英國航行到澳大利亞；他們的任務就是將帆船「木樨草號」（The Mignonette）交付到新主人的手中。

就在他們駛離陸地一千多哩時，遭到無情的暴風雨襲擊，他們的帆船很快就開始下沉。船上的人跌跌撞撞地爬上了救生艇，但是在兵荒馬亂之際，只勉強從「木樨草號」搶救出兩個蕪菁罐頭。過了三個星期之後，他們都瀕臨餓死的邊緣。年僅十七歲的派克不但年紀最小，體力也最差。因為沒有什麼雨，所以他們都不得不喝自己的尿來解渴，但是派克也喝了海水。這時候，他開始陷入半昏迷狀態，時睡時醒，其他人的狀況也好不到哪裡去。白天受烈日灼曬，晚上遭寒風侵襲，他們的雙腳腫脹，身體也傷痕累累。

他講到這裡，就開始對故事的一些細節含糊其詞。可是根據湯姆・杜德利的說詞，他最早提出一個激進的解決方案，他們應該抽籤，然後犧牲其中一個人充當食物。布魯克斯當場反對，他認為不如一起死了還比較好。杜德利說：「隨便你們，但是如果犧牲一個人可以救活其他的人，就不至於四個人全都死光了。」

幾個鐘頭之後，杜德利又去跟史蒂芬斯說話，布魯克斯聲稱他沒有聽到他們說了些什麼。杜德利問：「我們該怎麼辦？」他自問自答：「我相信那個孩子快要死了。你有老婆和五個孩子，我也有老婆和三個孩子。以前也有人吃過人肉。」

當晚，杜德利和史蒂芬斯聯手，用一把折疊刀刺穿派克的咽喉。在接下來的四天，杜德利和史蒂芬斯就靠著吃派克的遺體（還有喝他的血）存活下來。至於布魯克斯，儘管他譴責這樣的行為，但是也加入吃人的行列，而且還吃得很盡興，甚至比史蒂芬斯吃的還要多，因為後者的身體極度虛弱，難以進食。將這段故事寫成書的作者布萊恩・辛普森（Brian Simpson）寫道：「當時史蒂芬斯的腦海裡一定閃過一個殘酷的念頭，他很可能就是菜單上的下一道菜，因為他的身體最虛弱。」

後來奇蹟出現，當他們還在距離陸地幾百哩外的汪洋中漂流時，一艘從南非開往漢堡的德國船舶發現了他們的蹤影。熱心的船長和船員救起他們，提供飲水和食物，這才慢慢地恢復體力。等到他們終於抵達位在康瓦爾的港口法爾茅斯（Falmouth）之後，隨即提出了完整的書面報告，說明事情發生的經過，這是船隻失蹤時的慣例做法。杜德利當時沒有想到會有任何的法律追訴，於是一五一十地交代所有的細節。該不該起訴他們，要下這個決定並不容易，但是內政大臣也有合理的擔憂：「如果這些人沒有因為謀殺受審的話，我們豈不是給每艘船的船長開了一張空白支票，只要船上的食物不夠，就可以吃掉船艙服務生？」

・無名的渡輪殺手

杜德利與史蒂芬斯聯手，殺害了一名無辜的男孩。在多數正常的情況下，殺人都是無法逃避的罪行。儘管杜德利經過審判，也被判定有罪，但是這個案子仍然引起複雜的情緒反應。有些人認為不管在任何情況下，殺人就是無法接受。但是也有一些人同情杜德利的處境，如果問他們為什麼，他們可能會說：「嗯，反正那個船艙服務生本來就快要死了，所以又沒有傷害到什麼人」之類的話。

或者，以比較正式，或許也比較冷酷無情的說法來說，很多人（或許大部分的人）似乎認同一個基本原理，道德上的基本原理，一件事的狀態應該要從「帕雷托無效率」轉移到「帕雷托效率」。這似乎是我們道德文法的一部分。在杜德利設計殺害船艙服務生之前，四個人全都處於垂死邊緣；那個船艙服務生本來就會死，可是他現在一死，反而讓其他人可以存活。

他們的情況有所改善，但是沒有人變得更糟。所以，杜德利的行為看似情有可原。

還有其他同樣戲劇化的案例，也凸顯了類似的道德結構。舉例來說，就像一九八七年三月六日晚上，在比利時外海發生的殺人案。兇手的名字始終沒有公諸於世，他坦承致人於死，卻從未受到法律追訴。有關當局的判斷一定是覺得在那樣的情況下殺人，算是合理的行為，因此非但不應予以審判，甚至連兇手的身分都應該保密。

然而，我們還是知道了這個行為的部分細節。那天晚上，一艘搭載著車輛與乘客的渡輪「自由企業前鋒號」(Herald of Free Enterprise)沉沒了，包括乘客與船員，幾乎有兩百人罹難。這艘船由比利時的澤布魯日港(Zeebrugge)出發，預計橫越短短的海峽，抵達英國南岸的多佛港(Dover)。事故的原因是悲慘的人為疏失，一名值班的船員打瞌睡，沒有關閉船首的艙門。船隻離開港口才九十秒，船身就開始傾斜；又過了一分鐘後，整艘船就沒入一片漆黑之中。大部分的罹難者都被困在船艙內，因為失溫死亡。

一九八七年十月，本案的調查審理工作開始進行，許多目擊證人受到傳喚上法庭作證，但是其中最令人意想不到的證詞來自一位陸軍下士。他說，當時他攀附在一條繩梯的最底下，跟其他十幾個人在一起，全都浸泡在冰冷的海水裡，但是那條繩梯，他們求生的唯一道路，卻被一名年輕人給堵住了。或許是因為害怕，也或許是因為寒冷（又或者兩者皆有），那名年輕人就癱在繩梯上，上不去，也下不來。隨著時間一分一秒過去，那名下士大喊著把那個人推下去，果真，就有人把他推下去，此後就再也沒有人見過他或是聽說過他的消息了。不過，逃生的通路也因此暢通，其他人紛紛從繩梯爬上去獲救。

同樣的，這種說法聽起來冷酷無情，但是繩梯上的那個人被推下去死亡，處境並沒有變得更糟：反正他無論如何都快要死了，堵住逃生通路，只會造成更多其他乘客的死亡。那名下士或是實際動手的人獲得不起訴的處分，肯定是在考量過帕雷托效率之後所做的裁決。如果我們能夠接受那名下士的行為並沒有違反道德的話，就表示我們退讓了一步，接受了在某些情況下蓄意殺人也未必是錯的。

・馬爾他難題

曾經有個類似的登山客案例。兩名登山客用繩索綁在一起，如果其中一人想要存活，就得割斷繩索，拋棄另外一人（其實就是把第二個人送上西天）。也有虛構的案例。在《蘇菲的抉擇》（*Sophie's Choice*）這本小說和電影中，納粹軍官逼著蘇菲在一雙兒女中選擇一個活、一個死；如果她不肯選擇，那麼兩個孩子都會被送進煤氣室。最後，她選擇了兒子，女兒則尖叫著被人帶走。

有時候，國家機器也會在帕雷托的情境中，藉由法庭的形式授權殺人。二〇〇〇年，有一名來自馬爾他島嶼哥佐島（Gozo）的天主教徒麗娜・阿塔德（Rina Attard）在英國生了一對連體嬰雙胞胎，在法庭上被稱為瑪麗與嬌蒂。醫生說，除非她們接受分割手術，否則兩個孩子都會死；但是即使動了手術，也只有嬌蒂一個孩子，可以存活。孩子的雙親都是虔誠的羅馬天主教徒，他們拒絕讓孩子接受手術，還在書面證詞寫下了這樣的內容：

我們無法接受甚至思考要選擇讓其中一個孩子死亡，以便讓另外一個孩子活下去。那不是神的旨意。每一個人都有活下去的權利，所以我們怎麼可以殺死一個女兒，讓另外一個女兒活下去呢？

醫生對他們的決定提出異議，雙方的爭執一路上訴到高等法院，法官在判決時，參考了哲學作品，拿電車難題做類比，引述霍布斯的文字，還引用「女王起訴杜德利與史蒂芬斯案」和澤布魯日港的慘案，來判定執行這樣的手術是否構成蓄意謀殺。

法院最後判決應該要動手術。於是手術在二〇〇〇年十一月七日進行，結果一如醫生的預期，瑪麗死了；也一如預期，嬌蒂存活下來。

・納粹思想實驗

多數人會受到帕雷托式的推論影響，不過，在有些人稱為道德文法當中，這只是其中的一部分而已。哈佛大學的道德感測試所蒐集到的全球道德本能資料庫顯示出的道德面貌，像是一座繁複精巧的格子狀雄偉結構。我在哈佛大學看到研究人員以類似前述案例的種種可怕難題來質問一名受試者，要受試者想像自己身處在一群逃避納粹追殺的難民之中，她懷裡的孩子不停地嗚咽啜泣，除非她悶死自己的孩子，否則整團人的行蹤都會曝光，而全部遭到納粹殺害。道德感測試也在網際網路上貼出這個和其他類似的情境。比方說，有艘救生艇快要沉沒了，除非有一個人跳船，減輕船上的重量，否則整船的人都會淹死。

這些案例有個非比尋常的特點，就是顯示出極大的性別差異。在救生艇的案例中，大約有百分之五十的人可以接受把某人丟下船或是讓母親殺死自己的孩子；不過贊成的人當中，女性人數明顯少於男性。但是馬克・浩瑟指出：「如果牽涉到我們演化出來的道德能力，看來我們都只有一種聲音：就是以人類這個物種發聲。」

道德分類學家米凱爾依據行為的手段（在岔路情境中轉動開關）、結果（避免五個人死亡），和副作用（殺死在主要軌道上的那個人）來解構行為。通常人身侵犯，也就是可能會導致傷害、不必要的身體接觸，都是不可以的。在胖子難題中，副作用包括**以**人身侵犯的手段殺人，那也是殺死胖子明顯出局的原因（至少大部分的人都覺得不可以）。

如果能夠成功地歸納出一些原則，來管理我們對外在世界的道德反應，那麼從理論上來說，就可望利用程式，讓電腦像人類一樣對不同的情境做出反應。換言之，如果我們能夠將道德考量簡化成數學演算法，就可以製造出我們期望中能夠像人類一樣行動的機器人。

這對世界將會造成劇烈的影響，比方說戰爭。未來的戰爭是機器人的戰爭，機器人會在戰爭中學會「自治」，自行判斷下決定，而不需要人類的監督。[8]如果還有人覺得像科幻小說家以撒・艾西莫夫（Isaac Asimov）的小說，或是像《銀翼殺手》（*Blade Runner*）這樣的科幻電影裡，那些機器「行動主體」仍然只局限在虛構的範疇，那麼也未免太天真了。

谷歌的無人駕駛車已經進入發展的進階階段；無人駕駛的電車已經成為無數機場的特色，現在也引進到世界上的許多國家。例如在哥本哈根，幾乎一切都由電腦中央控制。你可以想像一列失控的無人駕駛電車，可能會面臨撞死一個人和撞死五個人的「抉擇」，而且可以設定好電腦程式，根據這種情況的特徵，做出中肯貼切的反應。

不論是無人駕駛的電車或是焊槍機器人，人工智慧機器都可能會做出比人類更好的「行為」。在緊張的情況下，比方說在大火中，人類可能會把胖子推下去，但是事後又可能對此感到懊悔不已。機器的「決定」則不會受到腎上腺素激增的影響。

但是唯有一點（！）軟體工程師必須先達成共識，到底什麼是道德規則……

註釋

1 譯註：Iman原來在阿拉伯語中是指「領袖」的意思。在伊斯蘭教的不同教派中，伊瑪目都是享有極崇高的地位，可能是帶領祈禱或是有權解釋可蘭經的教長。

2 註：我說「通常」是因為有些道德相對論者否認道德有放諸四海皆準的普遍性。

3 註：在這樣的句子裡，習慣上是先說意見（嚇人的），再說尺寸（龐大的），然後再說顏色（黑色）。可是，也有人認為「這輛龐大的、恐怖的、黑色的電車」是可以接受的。

4 譯註：原文的順序其實是「形容詞、形容詞、名詞、動詞、副詞」，即「沒有顏色的綠色點子憤怒地睡著了」（Colourless green ideas sleep furiously），但是在中文裡合乎語法的順序應該把最後的副詞和動詞調過來。

5 註：米凱爾，二〇一一年，第一〇一頁。有關兒童的道德發展，已經有一些經典研究。如Piaget，一九七七年。

6 註：浩瑟，二〇〇六年，第三四頁。浩瑟後來因為有報告指出他在研究中舞弊而遭到解職，但是沒有任何資料顯示他在這個領域發表的研究結果有任何不當之處。

7 註：有關這些和其他的電車難題變化，請詳見米凱爾，二〇一一年，第一〇六至一〇九頁。

8 註：我在像「自治」和「行動主體」之類的詞彙上都加上了引號，因為哲學家對於機器是否真的可以自治或是真的能成為道德的行動主體，仍有不同的看法。

PART 3

心智與大腦，還有電車

Chapter 12

非理性動物

我可以計算出天體運行，
但是卻算不出人類的瘋狂。

——牛頓

喜歡摧毀整個世界，更勝於搔搔手指頭，
這跟理性並沒有矛盾。

——休謨

當一個人剛接受極大的榮譽又剛吃過一點東西，
正是他最慈悲的時候。

——尼采

談到胖子難題，哲學家是想知道一個道德問題的答案：我們**應不應該**推他一把，送他上西天？哲學家總是對於規範性的（價值）問題深感興趣，例如我們**應該**如何過生活？

科學家幫得上忙嗎？這裡指的是廣泛定義的科學家，包括心理學家和神經科學家。一般而言，科學家的興趣不一樣，他們對非規範性的問題比較感興趣。我們為什麼會這樣回答？我們又是如何下判斷的？什麼會影響到我們的判斷？啟蒙時代的蘇格蘭哲學家休謨堅持，事實與價值之間有所差別，因此，不管我們是怎麼描述我們**如何**下判斷的，都無法決定我們**應該**如何下判斷。畢竟，就算有事實證明我們人類天生就有種族歧視（或者至少是偏愛自己人、排斥圈外人），也不能因此證明種族歧視是可以接受的。不過，已經有一個世代的科學家開始在探討電車問題，有些人甚至聲稱，某些實驗結果確實有規範性的意涵。

・麵包與雜物

如果有人期待能夠相信人類是由理智與善心這樣的夢幻組合所管轄，那麼他們可能會對社會心理學的大部分研究結果感到惴惴不安。耶魯大學心理學家史丹利・米爾格蘭（Stanley Milgram）在一九六〇年代所做的實驗顯示，如果有個權威人士指派他們去做一件壞事，在這個實驗中是轉動開關去電擊其他人，大部分的人都願意把良心拋諸腦後。[1] 史丹佛大學心理學家菲利普・金巴多（Philip Zimbardo）所做的監獄實驗也顯示，當人被授予（假的）合法權力時，他們的行為可能惡劣到什麼程度。受試者在實驗中參與一項角色扮演的遊戲，有些人被指派擔任警衛，其他人則扮演囚犯，他們全都在一間仿造的監獄裡。不久，就有很多「警衛」開始對「囚犯」表現出虐待狂的傾向。

在另外一個也經常有人提到的實驗中，普林斯頓神學院（Princeton Theological Seminary）的學生接到通知，要他們就撒瑪利亞好心人的寓言發表演說。[2]他們要到穿過中庭的講堂去發表演講，有幾個人還被告知說他們已經遲到了幾分鐘。就在抵達目的地之前，碰到了一個人蜷縮在走廊上，一邊咳嗽、一邊呻吟，顯然很痛苦。但是這些學生認為自己在趕時間，因此絕大多數的人都對此人視而不見，有些人甚至還從他身上跨過去。這個結果相當出人意外，你可能會以為這些學生既然研究反思了撒瑪利亞好心的寓言，應該會認為從大局來看，幫助一個陌生人會比準時參加研討會重要。

話雖如此，還是有某種合理的解釋可以說明他們的行為：讓人等待不太體貼。不過，近年來，已經有多如牛毛的研究顯示，我們的道德行為顯然受到許多不理性或是非關理性的因素影響。比方說，在行動電話還沒有變得如此普及之前，有個美國研究顯示，如果受試者從公共電話亭走出來之前，在電話的退幣口發現了一毛錢的話，他們就比較願意幫助路人。這筆小到不能再小的意外之財，雖然只有微不足道的價值，卻對人類行為有巨大的影響。然而，也有另外一個研究證明我們的行為會受到嗅覺的影響。當我們站在麵包店門口，聞著剛出爐的麵包散發出令人垂涎欲滴的香氣時，就會對其他人比較慷慨。就連我們在填寫問卷的那張書桌是整潔乾淨，還是沾了黏答答的汙漬，都可能影響到我們對道德問題的答案，像是對於罪與罰的意見等。更可怕的是，法官會不會判決讓囚犯假釋，竟然取決於他在多久之前吃了上一餐飯。

儘管我們都想騙自己相信，我們可以根據充足的訊息和理性的反思，自由地做決定，但是愈來愈多的實驗證明：我們在做決定時，理性通常不敵潛意識。顯然，我們的行為比原本設想的還要更傾向「形勢主義」，也就是會受到許多外在環境的影響。而且研究結果也對我們認為人格特質是穩定、一致的想法打了一記耳光。我們總是以為，勇敢的人始終都勇敢，小氣的人永遠都小氣，而富有同情心的人也都一直如此。其實不然。這個結果也對政府及教育政策有所影響，或許我們應該更專注於形塑環境，而不是人格。誠如安東尼・阿皮亞所說的：「你希望讓人更樂於助人嗎？結果是，讓一些好的小事在他們身上發生，遠比花費大量精神來改善他們的人格，還要更能夠讓他們樂於助人。」

3D立體電車

電車問題為心理學研究提供了大量的素材。哲學家也曾經在研討會現場、在論文中或是在電腦螢幕上提出電車難題。然而，在螢幕上看到的文本跟實際生活中的情況，仍然有很大的差距。

因此，要如何設計出真實的電車情境，讓受試者不疑有他呢？測試現實生活中的電車反應沒有那麼簡單，不像測試烤麵包香氣對行為的影響，或是測試經過調整的情境是否會影響人的意願，伸出援手去幫助受難的陌生人。

不過，足智多謀的實驗派心理學家並沒有因此而卻步，二〇一一年的一項研究讓受試者置身於3D的立體虛擬實境中。在其中一個情境中，電車朝著五個人衝過去，而受試者可以改變電車的行進方向，讓列車撞上另外一個人。在另外一個情境中，電車無論如何都會撞上一個人，因此受試者什麼都不做就能避免五個人遇害(但也可以選擇讓電車轉向直接撞上五個人)。

為了要更真實地模擬現實情況，當電車搖搖晃晃地朝著鐵軌上的人衝過去時，還可以聽到他們驚恐的尖叫聲。這個研究本身也引發了倫理上的爭議，有好幾個人因為實驗內容而感到不安，中途要求退出實驗。在上述兩個案例中，那些堅持做完實驗的受試者絕大多數都選擇動手殺死那一個人，或是袖手旁觀任由電車撞死他。可是如果受試者必須採取積極行動來救那五個人，他們的情緒就會比什麼事情都不做要激動，儘管最後的結果還是一樣。[3]

心理學家也改變了其他的變數。其中一項實驗將受試者分為兩組，在給受試者看電車問題之前，先給第一組看一段從電視節目「週末夜現場」（Saturday Night Live）擷取的五分鐘笑鬧短片；第二組則必須看完一段講述西班牙村落的沉悶紀錄片。那些看喜劇短片的人，（依據推測）可以用比較輕鬆快活的心情來思索生死交關之事，也就比較傾向支持殺死那個胖子。

另外一項研究也顯示，甚至連給那個胖子取什麼名字，都可能影響到我們的反應。受試者有兩個選擇：將「泰隆・派頓」（典型非裔美國人的名字）推下天橋去拯救紐約愛樂交響樂團的一百名團員，或是將「奇普・艾爾斯渥斯三世」（這個名字讓人聯想起古老的盎格魯撒克遜富豪家族）推下天橋去拯救哈林爵士交響樂團的一百名團員。研究人員發現，保守派受試者對於這兩個選項的差異比較無動於衷，但是到了自由派的手上，貴族奇普的命運就比泰隆要悲慘了。或許是因為自由派人士更刻意讓自己不要有種族歧視，也或許是因為奇普．艾爾斯渥斯三世這個名字讓人聯想起富裕、特權的形象，因此他們的考量會受到平等主義的影響。（或者說得更明一點，因為嫉妒？）

有趣的是，儘管只有百分之十的人會把胖子推下天橋，但是如果這個難題的主角是動物而非人類的話，我們會表現出更強烈的效益主義傾向。因此，有個研究就是詢問受試者願不願意把一隻胖猴子推下天橋去救五隻猴子，答案是「願意」。人類並不反對將動物視為達到更好結果的手段。我們對動物的反應並不像康德學派的理性，而是邊沁主義的效益至上。[4]

．理性與感性

雖然有無數的因素可能會影響到我們的行為與道德判斷，但是我們逐漸達成一個共識，就是行為與道德判斷牽涉到兩大過程，至於究竟要如何來說明這兩大過程以及它們之間的角力平衡，還有很大的爭議。不過，這個根據二十一世紀的研究方法和工具所得到的二元論，其實呼應了十八世紀兩位重要哲學家休謨與康德之間古老的衝突。休謨寫道：「理性是，也應該只是，感情的奴隸。」反之，康德則堅信必須由理性管控道德。

心理學家強納森・海德特在他影響深遠的論文，如〈感性的狗及其理性的尾巴〉(The Emotional Dog and its Rational Tail)中強調，感性與理性的角力，總是感性占了上風。基本上，海德特調查了我們道德中會引起反感或噁心反應的層面。以他提出來最為人所知的假設情境為例。茱莉與馬克是同胞手足，在大學期間，兩人一起去法國旅遊，有一天晚上，他們獨宿在海灘的一間小木屋裡，覺得他們如果嘗試做愛的話一定很有趣，也很好玩；至少對他們來說，是一次新鮮的經驗。茱莉已經在吃避孕藥，馬克也戴著保險套以防萬一，他們很享受做愛的過程，但是決定以後不要再嘗試了，同時把當天晚上的事情當成特別的祕密，讓他們感覺彼此關係更親密。

如果茱莉與馬克發生性行為一事並沒有讓你覺得有點噁心的話，好吧，至少你屬於少數人。海德特發現，他問到的每一個人幾乎或多或少都會覺得，這對手足的行為在道德上有所虧損，應該予以譴責。但是當他再進一步追問為什麼這樣的行為是錯的，他的受訪者卻無法提出解釋。因此，他們可能先是說擔心因為性行為產下的後代可能會有基因缺陷，但是經過提示說這對兄妹採用了兩種避孕方式，因此不會有生小孩的問題之後，他們或許又會說這樣可能會造成長期的心理衝擊，完全忘了對茱莉與馬克來說，這件事是正面的經驗。

在這個案例中，沒有人因此受到傷害，但是大家仍然覺得有不道德的事情發生，至於究竟哪裡不對，他們似乎又無法解釋清楚。他們無言以對，一方面感到困惑不解，一方面又感到挫折，最後只能訴諸像是：「好吧，我就是打心底覺得不對」之類的話。海德特替這種感覺取了一個名字，叫做「道德錯愕」（moral dumbfounding）。[5]

海德特及其同僚曾經在一項實驗中，利用催眠術讓人在聽到一個任意選出來的辭彙時產生反感，那個辭彙是「時常」。結果發現，如果在說明情境時插入了這個字，受到催眠的受試者在判斷道德缺陷時會更嚴厲。而更驚人的是，即使在顯然沒有任何道德缺陷的情境中，還是有相當人數的少數人認為有錯。以下就是一個例子。「丹恩是學校學生會的代表。這學期，他負責安排學術議題的討論，時常會選擇教授與學生都會感興趣的議題，讓討論會更熱烈一些。」當受試者被問到他們覺得丹恩哪裡做錯了，他們會支支吾吾地說不出個所以然，「就是覺得他好像有什麼陰謀。」

一九七〇年代，英國有個極受歡迎的電視喜劇節目「莫坎比與懷斯秀」（Morecambe and Wise），兩名主角艾瑞克・莫坎比（Eric Morecambe）與厄尼・懷斯（Ernie Wise）會在節目中演出一系列的短劇，然後到了最後，有個叫做珍妮特的胖女人，穿著晚禮服，走到舞台中央，雖然她先前根本沒有在節目中出現過，卻硬是把艾瑞克與厄尼擠到旁邊，突兀地宣布：「感謝觀眾觀賞我和我的小節目。」強納森・海德特覺得理性就是扮演珍妮特這樣的角色：總是到了最後才上場，什麼事都沒做，卻攬下了所有的功勞。

但是，儘管海德特相信感性占了上風，其他人卻沒有這麼確定，他們認為理性與感性的衝突，仍然是一場勢均力敵的拔河。

註釋

1 註：這個實驗是在納粹戰犯艾希曼在耶路撒冷受審後不久設計出來的，其目的在於測試人類在接到權威人士的指令時，會出現多麼惡劣的行為。受試者接獲的命令是，在牆的另外一面有一些人要學習文字，如果這些人在回答關於這些文字的問題時出了錯，受試者就必須施以懲戒。實際上，這些學習文字的人都是演員，而受試者可以聽到他們（偽裝）的尖叫聲，以及在牆的另外一側（顯然）很絕望地拍打牆壁。

2 註：普林斯頓神學院是一所強調慈善德性的教育機構，本身就擁有驚人的財富。截至二〇一一年為止，校方接到的捐款是平均每名學生將近一百七十萬美元。

3 註：選擇非效益主義的選項——讓五個人死亡，這也同樣會引起情緒反應。詳見

Navarrete等，二〇一二年。

4 註：詳見湯姆森，一九九〇年，第二九二頁。她說，我們可以「殺一隻雞去救五隻雞」。麥克馬漢，二〇〇二年，第三章也探討了義務論的約束是否適用於動物。

5 註：有些哲學家並不認同海德特對這些案例的分析。即使大家找不出理由說明他們為什麼覺得亂倫是不對的，也不表示他們感到「錯愕」。「亂倫是錯的」可能只是基本原則，一種不證自明的原則。

Chapter 13

與神經元拔河

心有自己的理性，
只是理性不知道。

——帕斯卡（Pascal）

要採取行動，這樣一來，
你的行為準則才可能變成適用於整個世界的法則。

——康德

「你在這裡，站在被告席上，因為殺死一名胖子遭到起訴。你認罪嗎？」

「法官大人，我認罪，但是我應該獲得減刑，因為我的選擇、我的行動都是由我的大腦決定的，不是我。」

「你的大腦並沒有做任何決定，是你自己做的決定。我判你傲慢無禮，罰你苦讀哲學十年！」

‧亮起來

過去這十年間，由於掃描科技的突飛猛進，對大腦各個層面的研究也如雨後春筍般地冒了出來，核磁共振造影（Magnetic Resonance Imaging，簡稱MRI）產生了許多有趣的結果。掃描器可以偵測到血流的極細微變化，當大腦特定區域並非處於所謂的休息狀態，而是在進入活化狀態時，就會像神經科學家所說的：「亮起來。」研究工作雖然才剛起步，但是已經有壓倒性的證據顯示，大腦的特定區域有特定的作用，執行特定的功能。受試者躺在一個大圓筒裡（而且很吵），然後在他們做各種事情時，進行大腦掃描，比方說聽音樂、使用語言、看地圖、想像自己正在從事各類的體能活動、看人臉或是藝術作品或是噁心的生物或物件，例如蟑螂和糞便等。

研究人員也調查我們在做道德決定時，大腦在做什麼，而因為電車難題創造出這種直覺競爭的拔河，所以成為最受歡迎的個案研究題材。而在這個領域最卓然有成的明星，就當屬哈佛大學心理學家、神經科學家約書亞・格林（Joshua Greene）。

格林在念書時就是辯論賽高手，直覺受到效益主義的吸引。如果討論的議題涉及個人權益與集體利益之間的相對重要性，格林會選擇邊沁主義而非康德主義，凡事都是以結果最重要。可是當他第一次遭遇到器官移植情境時，卻感到困惑了。殺死一個健康的年輕人，然後取其器官去救人，雖然可以救五個人的性命，但是這樣做一定是錯的。他的效益主義信念動搖了。

他在哈佛大學念研究所時，第一次接觸到電車問題，對一個信仰效益主義的人來說，這又是另外一個讓人疑惑的謎題。但是他說，直到他念到了費尼斯・蓋吉（Phineas P. Gage）的奇特案例之後，他才有那種豁然開朗的感覺。當時，他正在以色列參加妹妹的成人禮，在飯店裡看一本書。

・鐵條案例

費尼斯・蓋吉是個二十五歲的工頭，後來成了名副其實而不只是假設性的鐵路受害者。他的工作是協調一群工人，建造一條貫穿佛蒙特州的鐵路。為了讓鐵路可以盡可能地採取直線，他的工作團隊偶爾必須使用炸藥，炸穿岩石開路。某個夏日的午後四點三十分，發生了一場意外災難。一條炸藥的引線提前引爆，發生了劇烈的爆炸，原本用來塞緊火藥的鐵條飛了出來，從蓋吉的臉頰刺進去，貫穿他的前腦，最後從頭頂竄出來。

蓋吉沒有當場暴斃就已經是奇蹟了，但是更神奇的是，他的身體在幾個月後似乎完全恢復正常，四肢可以正常運作，看得到也感覺得到，同時還會講話。但是接下來發生的情況卻讓他從一樁醫療奇蹟變成學術研究的個案。雖然他的身體可以跟以前一樣正常運作，但是他的性格顯然有所改變，而且變糟了。他原本是個盡責自持的人，現在卻變得衝動、易怒、任性又善變，一點也不可靠。有個傳聞到現在也分不清是真是假，據說他變得滿嘴髒話，粗鄙的言論讓異性對他都避之唯恐不及。

神經科學家安東尼奧・達馬吉歐（Antonio Damasio）在他的著作《笛卡兒的錯誤》（*Descartes' Error*）書中提到，蓋吉有意識，但是沒有感覺。[1]「這就對了！」格林在飯店客房裡看到這裡，心想：「天橋和移植案例的情況就是這樣。我們**覺得**不應該把胖子推下去，但是我們**想到**能救五個人總比救一個人要好。感覺和思考是有區別的。」

格林同時受過哲學與心理學的訓練，也是將神經科學應用在電車難題上的第一人。他開始在受試者思索電車問題時掃描他們的腦部活動，掃描器可以標出大腦活化的區域。

格林形容，電車難題在大腦內掌管思考計算與主司情緒反應的神經之間，引爆了劇烈的戰爭；跟海德特認為的一面倒相比，這似乎是比較勢均力敵的拉扯爭鬥。受試者在遭遇到胖子難題，必須選擇是否動手殺死胖子時，在眼睛正後方的大腦區域，也就是一般認為與像是同情心等感覺息息相關的區域（杏仁核、後扣帶回皮質與內側前額葉），會特別突出。想到要把胖子推下去，「觸動了大腦內的情緒警鈴，跟你說：『哦，不行，這樣做是錯的。』」如果沒有那個虛擬的警鈴，我們會默許效益主義的計算。大腦內掌管計算的區域（背外側前額葉與下頂葉）會評估各種成本效益，而不只是道德上的利弊得失。在岔路難題中，這個計算公式並不複雜：犧牲一個人，可以讓五個人得利。

格林也利用照相機的比喻，來說明他的理論。照相機都有自動設定好的功能，比方拍攝風景照的預設功能。這樣的功能很管用，因為可以節省時間；當我們看到什麼想拍的風景，只要按下快門就行了。但是有時候，我們就是想要自己動手，嘗試一些新鮮的、不一樣的拍攝手法，多一點藝術氣息或是前衛風格，或許我們希望中間的圖像模糊一點之類的。要達到這樣的效果，唯一的方法就是將相機改為手動（計算）模式。「情緒反應就像是照相機的自動設定，而具有彈性的行動計畫，就是手動模式了。」

一般相信，大腦主司情緒的區域比掌管分析計算的區域要更早演化完成。因此在道德難題中，我們可能會期望情緒跑得比理智快，也更快達成結論。而研究也顯示，強迫受試者儘快做決定時，他們就比較沒有那麼效益主義。

有一項巧妙的研究，證實了大腦中顯然有兩套不同設定在彼此鬥爭的假設。這項研究牽涉到研究人員所謂的「認知負荷」（cognitive load）。當受試者在思考電車問題時，他們的認知程序也同時在進行其他的工作，通常是看著（或是計算）在螢幕上閃爍的數字。在這樣的情況，受試者會比較慢才決定選擇效益主義，也就是在岔路難題中決定殺一個人來救五個人（認知程序正在進行中）。但是同樣的工作在胖子難題中就沒有造成顯著的差別，因為那主要是情緒反應。

圖十：活門難題。

失控的電車朝著五個人衝過來。你就站在電車鐵軌旁，唯一能夠停住電車，拯救這五個人的方法，就是轉動開關，打開正好有個胖子站在上面的活門。這個胖子會掉下來死掉，但是他的身體也會擋住電車。我們應該打開活門嗎？

格林認為，當人在思索是否要殺胖子的時候，通常會產生的情緒反應是由兩個部分組成的。第一是近身接觸效應，動手推人這個動作必須動用肌肉同時跟另外一個人有直接的肢體接觸，這會讓我們退縮。證據顯示，即使不需要直接用手去推人，比如拿一根長竹竿也會達到同樣的效果，因為會用到類似的肌肉，所以也會產生相同的效應。

在活門難題中，我們可以扳動開關（很類似岔路難題中的轉軌開關）讓火車停下來，拯救五個人。這個開關會打開一扇活門，而不巧那個胖子又正好站在活門上。連口才最好、最擅長詭辯的律師，也無法指出用開關殺人和用手推人殺人之間，在道德上有什麼實質的差異，但是參與電車實驗的受試者就是比較願意以開關送胖子上西天，而比較不願意親手推他一把。不過，不論是轉動開關或是推人，大部分的人仍然認為，殺死胖子還是比岔路難題中的改變列車行進方向要嚴重得多。

也就是說，一定還有一些什麼別的因素……

至於第二個部分，格林認為，就很巧妙地跟雙重效果論一致。我們比較不願意用蓄意傷人的手段來達到我們想要的目的，但如果只是因為行動的副作用傷害別人，就比較沒有關係。肢體接觸與蓄意傷害這兩種因素，「個別都沒有什麼衝擊，但是如果放在一起，就會產生比他們個別效應的總和還要更大的效應。這就跟藥物的交互作用一樣，你單獨服用A藥沒有問題，單獨服用B藥也沒有問題，但是如果同時吃兩種藥，那就砰！」把胖子推下天橋，就是結合了肢體接觸與蓄意傷害，產生的情緒反應也是砰！

・演化誤差

對於人類可以在潛意識裡區分動用肌肉推胖子與轉動開關的奇特道德差異，格林提出了一個雖然純屬臆測，卻很有說服力的演化解釋。對於傷害別人會有特別的反應，可能是在我們演化適應的環境中產生的；我們在演化的環境中會直接跟其他人類互動，而必須動用肌肉才會產生力氣。動用肌肉去推一個人，意味著其中可能涉及暴力，顯然我們通常最好是避免暴力。

這些實驗的重點多半是道德判斷，而不是行為，也就是人們實際採取的行動。然而，判斷與行為之間是有關聯的。不管我們是否相信格林的演化說法，但是殺人在心理上造成的深遠影響，已經超越了學院裡的電車學範疇。在巴基斯坦與阿富汗的上空，經常可以看到美國的無人飛機穿梭其間，全都由還算年輕的美軍士兵在數千哩外的美國本土遙控。在二〇一一年之前的七年間，光是在巴基斯坦，就有多達兩千六百八十人死於美國的無人機。[2]無人機代表未來的戰爭型態，目前有些無人機是用在偵察情蒐，但是也有一些是瞄準人群和建築物。不管我們是否認為動動搖桿殺人會比實際用刺刀穿透喉嚨要容易一些，這個問題的答案本身是無關道德的。畢竟，如果我們面對有致命威脅的敵人，可能會希望我們的士兵不會因為殺人而過度感到內疚。但是，如果動動開關殺人真的比用刺刀容易的話，事實似乎也是如此，那麼有些事情，我們還是必須要知道。

這個論辯其實屬於範圍更廣的討論，也就是演化是否讓我們準備好（或是尚未準備好）應付現代這樣的年代。哲學家，尤其是信奉效益主義的哲學家，特別強調以下這個明顯的矛盾。如果我們經過一個淺水塘，看到一個孩子快要淹死了，大部分的人都會本能地跳進水裡去救他。就算我們身上穿著昂貴的衣服，也還是會這樣做。如果有人眼睜睜地看著那個孩子在水裡掙扎，卻依然袖手旁觀，事後才解釋說不能跳進水裡是因為她穿著最心愛的凡賽斯（Versace）裙子，要價五百美元，我們可能會大為光火。但是，對於慈善機構來信指出，類似的金額可以拯救在世界另外一邊的許多生命，我們卻極少有人回應。

同樣是援助陌生人，一個就在我們面前，另外一個卻遠在他方，二者之間似乎沒有明顯的道德差異，但是卻有一個合理的演化解釋，可以說明我們對於二者正好相反的反應。現代人的大腦是在人類仍處於採獵者時期就演化完成的，當時人類以一百至一百五十人的小團體聚居。從演化的角度來說，照顧我們自己以及跟我們一起合作的其他人的後代，是對整體有利的行為。我們不想也不需要知道在山脈、深谷、湖泊的另外一邊發生了什麼事。雖然現在的科技將發生在世界上其他地方的災難新聞都送到了我們眼前，但是我們對於這些事件的反應如此冷淡，雖然在道德上一點也說不過去，其實一點也不讓人意外。彼得・辛格就提出了這個類似電車困境的案例：

假設我們在船上遭遇了暴風雨，這時候，看到兩艘船翻覆了。我們可以援救一名攀在翻覆遊艇上的人，或者是我們肉眼看不到卻知道被困在另外一艘翻覆遊艇裡的五個人。在這兩艘船撞上岩礁之前，我們只有時間救其中一艘，而無法救援的另外一艘船的所有人都會遭到滅頂。我們認得單獨攀在船上的那個人，知道他的姓名和長相，除此之外，我們對他一無所知，也跟他沒有任何親戚關係。至於被困在另外一艘船裡的五個人，我們則完全不認識，只知道總共有五個人。

無數的研究顯示，我們認識或不認識行為影響所及的個人或群體，都會相當程度地影響到我們的道德決定，像是對某種慈善訴求要捐助多少錢，或是覺得懲罰應該有多重等。[3]不過，辛格說，在他舉的例子中，我們當然應該要救那五個人，即使演化誘使我們更關心那個我們認得的受害者。從辛格的情境中，我們只能得到一個顯而易見的結論：有些道德本能已經不適用我們的這個年代，因為現在所有的人都住在一個彼此互聯互通的世界，形成一個巨大的無名群體。

從另外一個角度來說，演化的力量也形塑了我們的道德本能。演化對於我們應該如何行動，提供了一個思考的捷徑——經驗法則。經驗法則之所以管用，是因為我們並沒有無限的時間、金錢或資訊來決定要如何面對每一種情境，所以經驗法則就像是導航一樣，引導我們順利走完通常很繁複的決定過程。儘管這種思考捷徑在絕大多數的情況下都能派上用場，但是有時候也會讓我們失望。別的不說，正如先前所討論過的情況[4]，規則本身可能就有矛盾，所以我們需要一個解決衝突的程序。如果必須說謊才能拯救人命，那麼「拯救人命」與「不可說謊」之間就會產生衝突。更何況，規則有時候還會使用暗示、信號或是以其他規則來取代，如此一來，錯誤的肯定和錯誤的否定都可能因此產生。以反對亂倫的思考捷徑為例。在醫學和生物學上都有充分的理由，不要跟自己的親生兄弟姊妹生下孩子，因此演化似乎傳遞給我們一個經驗法則，就是不可以亂倫：不要對跟你一起長大的另外一個人產生性欲。這個經驗法則在我們身上都很管用，但是碰到特殊情況就可能出問題，例如手足從小失散，長大後重逢，卻對彼此產生愛慕之情。另外，這在以色列的集體農場也造成了危機，因為在那裡，來自不同家庭的孩子都是一起扶養長大，成年後彼此之間卻都沒有任何男女之情，結果造成集體農場內的結婚率降低。[5]

・自由，再見

從某個層面來說，科學家能夠幫助我們更了解一般性的道德問題，尤其是協助我們解決胖子難題，這一點也不值得大驚小怪。大腦和道德本來就有關聯，我們也很難想像二者會完全無關。我們的行為與信仰一定也有一部分是大腦內神經元電路的產物。沒有大腦，就不可能有信仰。

然而，我們日趨了解大腦建築與機械結構如何運作，也就是大腦內的哪一個區域負責什麼，彼此之間又是如何連結，這一點倒是比較新鮮。這跟神經倫理學介入法律的論戰有關。未來，我們可能會看到有愈來愈多的人用下列的形式要求減刑：「不是我做的，是我的大腦。」我們的司法體系都是植基在人類可以自由行動、可以自由選擇的觀念上，如果一個人是被迫做了某件事情，我們不會認為他必須為此負責。我們對於大腦的發現愈多，就愈能解釋和預測行為，而所謂自由意志運作的空間也就相形愈來愈小，看起來似乎是如此。

可是，「相容論者」仍然堅持，自由意志與我們的思想和行為可以完全用因果解釋是相容的。就算有座超級龐大的電腦，儲存的資料占了不計其數的位元，可以精確預測出一個人的行為，相容論者堅稱，這並不代表這個行為就不是自由意志的結果。儘管在研究這個主題的哲學家之間，相容論對自由意志的立場是最受歡迎的，但是這種說法還是令人不解，至少我無法理解。但是，不論你在這個歷久彌新的論辯中採取什麼樣的立場，有一點卻是無可避免的：會有愈來愈多人要求法院在判決時考量到以生物學為基礎的藉口，或是根據大腦掃描和醫學證明來考慮是否給予減刑。

以二〇〇〇年發生的重度性侵犯為例。這位美國中年男子結婚十年來，婚姻生活幸福美滿，從未表現出任何異常的性癖好，結果卻幾乎在一夜之間像是變了一個人似的，突然對嫖妓和兒童色情充滿了興趣。他太太也發現了這一點，當他開始對繼女動手動腳時，她就向有關當局舉發。結果法院以猥褻兒童的罪名，判處他接受矯治。但是，他並未因此停止，反而在接受矯正的療養中心繼續騷擾婦女。看來，判刑入獄在所難免。

這名性侵犯有很長一段時間都為頭痛所苦，而且病情愈來愈嚴重。就在他被宣判刑期的幾個鐘頭之前，去醫院做了檢查，大腦掃描的結果顯示腦子裡長了一個巨大的腫瘤。腫瘤切除之後，他的行為也恢復正常。故事到此本來應該要結束了，沒想到六個月之後，他又故態復萌，種種不當行徑又再次出現。這個人立刻回去看醫生，後來發現有一部分的腫瘤在第一次手術中並未切除乾淨，現在又擴張了。第二次手術完全成功，病人的異常性癖好也立刻消失。這個人也逃過了一場牢獄之災。

腫瘤當然是相當極端的例子。但如果是因為長了腫瘤才徹底改變一個人的決定，絕少會有人認為他應該要為這些行為負責。但是在未來，神經科學家會找出一些我們現在不會以「疾病」、「不適」或「健康狀況」等詞彙來歸類的其他生理因素。比如，神經科學家可能會說：「瑪莉之所以順手牽羊，都是她大腦裡的化學物質與神經元突觸導致的。」理論上來說，這些藉口的說服力，未必就不如我們所說的大腦長瘤。[6]

神經科學家還透過一個重要的管道，得知大腦與道德之間的關係，也就是一些因為意外傷害和疾病所導致的非典型病例。儘管神經倫理學仍屬小眾的冷門領域，但是日漸清晰的道德圖像，跟研究大腦其他區域的專家——不管是在語言、感官、臉部辨識、大腦與身體之間的關係，或者意識等各方面——所勾勒出來的圖像，仍有許多雷同之處。大腦是精密、複雜又彼此連結的結構，處於一種不穩定的平衡狀態，整個機械結構中只要有一小片遺失、移除或是接錯線，就可能導致怪誕的現象與異常的行為。

凱卜葛拉斯症候群（Capgras syndrome）就是最好的例證。這種病症的徵狀，就是一個人認為他的妻子、父親或是親近的朋友被另外一個假冒者所取代。在過去，舉凡說這種話的人，很快就會被貼上「瘋子」的標籤。但是像拉瑪錢德朗（Vilayanur Ramachandran）這樣的神經科學家卻對這種病例深感興趣，想要找出生理學上的解釋，他也確實找到了一個簡單的解釋。我們大部分的人都擅長辨識人的臉孔，並且將資料儲存在大腦裡。如果有人問起，我們或許很難明白地表示兩兄弟的臉孔有什麼不同，但是只要他們同時出現，我們卻能輕易地分辨出來。這個重要的技能顯然必須仰賴大腦內一個叫做梭狀回的區域正常運作，如果這個區域受損，就會導致臉盲症，也就是缺乏臉部辨識能力，病人無法分辨不同的臉孔。根據拉瑪錢德朗的研究，罹患凱卜葛拉斯症候群的病人其實擁有正常的臉部辨識能力，只是梭狀回與邊緣系統之間的傳輸出了問題；凱卜葛拉斯症候群患者看到的是一個人擁有他母親的臉，卻不會對這個人產生任何的情緒反應，所以會產生這個人是騙子的感覺。[7]

・雙軌系統

一般人的典型道德觀都必須仰仗兩個神經系統的平衡。格林最初以為是情感與計算的平衡，海德特則認為是感性與理性的平衡（在他最近的研究中則說是自動性／直覺與理性的平衡），得過諾貝爾獎的心理學家康納曼則說是快與慢兩個系統的平衡。

這些雙軌系統未必彼此完全獨立，互不相干。因此，即使如同海德特所說的，感性坐在駕駛座上，理性也可能在早期扮演駕訓教練這樣舉足輕重的角色。舉例來說，在大部分的已開發世界中，同性戀性行為已經不像以前那麼讓人反感，因此，一般人就比較不會判定這是錯誤的行為。但是，原本認為同性戀性行為很噁心的社會觀感必須經過一個改變的過程，而在這個過程中，想必理性至少也扮演了吃重的角色。[8]

有很多研究道德科學的人都深信，他們的研究發現具有規範性的作用。因此，海德特說，在他的亂倫情境中，一般人應該要克服情緒上的噁心反應。因為理性告訴我們，兩個成年人彼此同意做的任何事情，只要沒有傷害到任何人，我們都沒有反對的餘地。格林也說，我們對情況的自動性反應，雖然大部分都很管用，有時也會失誤，因此在道德難題中，理性計算就應該要居於領導地位，也就是說，我們應該切換到「手動模式」。雖然我們的本能反對把胖子推下天橋，但是仍然應該這樣做。彼得・辛格也認同，如果大腦的情緒機制主導了反對將胖子推下去的動機，那麼我們就應該要克服心理上的神經質。

有些人就比較沒有那麼神經質，甚至一點也不神經質。現在也有人在研究為什麼有些人比其他人更認同效益主義。比較擅長視覺圖像的人，效益主義的本能就比較弱（可能是殺死胖子的圖像會對他們造成更強烈的衝擊）。如果強迫受試者花較長的時間來考慮這個問題，他們的決定會比要求他們立刻做出反應更傾向效益主義。

至少從鐵條改變了費尼斯・蓋吉的那個年代開始，我們就知道情緒反應與大腦的前額葉有關，我們可以猜測在費尼斯・蓋吉發生意外之後，對於電車學中假設性的災難會有什麼反應。最近幾年，有人研究過內側前額葉受損的病患，發現這些病患比較不在乎胖子的死活。這些有類似大腦損傷的病患比一般人更傾向認為，把胖子推下去救五個人是可以接受的行為，贊成人數幾乎是一般人的兩倍。如果拿先前討論過的一些驚心動魄的案例給這些病患看，例如逃避納粹追殺的父母必須悶死自己的孩子，以免所有的人都被發現，也呈現類似的結果。跟健康的人相比，這類腦損傷的病患比較不會感受到內在衝突，在他們看來，悶死小孩顯然是正確的抉擇，這一點毫無懸念。他們對於造成傷害的情緒反應比較弱。

也有人針對精神病態（psychopath）的患者進行相關的研究。精神病態的患者和那些有精神病態徵狀的人在遇到電車情境時，比一般人更容易為造成直接傷害的行為背書。[9]有些心理學家也開始用專業的眼光來評斷像邊沁這樣的絕對效益主義者，有一篇論文就斷定他的道德觀與亞斯伯格症的徵狀有關。

要指出這些研究對於道德有什麼意義，並不是一件容易的事。如果某些類型的大腦損與效益主義有關，那麼我們是否可以推斷出有時候大腦損傷病患的道德觀比其他人更清楚呢？又或者我們應該將這些研究發現視為效益主義未臻圓滿的證據？是否可以因此證明那些鼓吹將胖子推下去的人，在倫理認知上有基本的缺陷呢？至少後者是可以說得通的。既然精神病態患者在某些沒有爭議的案例中，對於什麼是正確行為的判斷很貧乏，似乎也可以合理地推斷他們在電車難題中的判斷也令人質疑。換言之，精神病態患者比較傾向支持殺死胖子的事實，也不能證明殺死胖子的行為是錯誤的。

・神經泡沫

神經科學強勢介入許多學門，因為它新鮮、刺激，又產生了許多令人眼睛一亮的研究成果。可是也有人對此提出猛烈的抨擊，尤其是應用在倫理學上。其中一道攻擊火線就直指其方法學上的缺陷，說這是拙劣的科學。

的確，大腦掃描仍然是相當粗淺的工具，測量結果也不夠精確。而且，讓受試者俯臥在一條長長的管子裡，然後評量他們的反應，實在也無法跟現實生活中的困境相提並論。不論受試者如何深入的設身處地去考量這些難題，也不管他們如何成功地想像自己身歷其境——就算我們暫時擱置心中的質疑——他們也無法感受到強烈的心跳、冒汗的掌心，還有現實中的那種恐懼、驚慌與焦慮；也感受不到正常的聲音、氣味和視覺。背景裡沒有街道上擾攘的喧囂，也沒有雨點或陽光。[10]

重點並不是陽光**應該**會影響到我們的決定。我要不要捐款援助在地球遙遠角落裡受到乾旱所苦的難民，不應該取決於我的心情是否受到天氣影響。

但是，在現實生活中確實包涵了許多會造成影響的因素，所以在將白色管子裡得到的結果推論到現實生活時，應該要格外謹慎。

但是，對於神經科學的主張，還有一個反對派提出更基本的質疑。這派反對人士認為，神經科學牽涉到一種分類學上的謬誤。二十世紀英國哲學家吉伯特・萊爾（Gilbert Ryle）引進了分類謬誤的概念，並且舉了美國遊客到牛津旅遊的例子加以說明。他說，美國遊客到了牛津，參觀了謝爾登劇院，參觀了博德利圖書館（Bodleian library），也參觀了各個學院及其中庭，然後天真地問：「可是，牛津大學在哪裡呢？」彷彿牛津大學是另外一個不同的實體似的。

同樣，反對派認為，將人類的觀念、選擇、動機、欲望與偏見，全都歸因於大腦，是一種分類上的謬誤。萊爾受到維根斯坦的影響甚深，而許多批評神經科學的人，也都屬於維根斯坦學派。維根斯坦學派對於神經科學的批評，主要是認為心理特質不能歸因於大腦，只能歸因於人類。他們認為，人的心智並非完全等同於大腦。要不要讓電車轉向，我可以感到困惑（三心兩意），但是大腦卻不會。想到要動用力量殺死那個胖子，會讓我退縮，但是大腦不會對這樣的事情感到驚駭。我可以計算出損失一條人命比五個人死掉要好，但如果說這是我的大腦計算出來的結果，就沒有什麼道理。當然囉，如果我的大腦無法運作，我也就無法運作，但是這並不表示我就是我的大腦。火車沒有引擎就不會走，但是火車並不是引擎。[11]

然而，質疑神經科學的人其實大部分都只是狗吠火車。整體而言，當神經科學家說大腦感到困惑或是驚駭，只是一種譬喻而已。[12]可是，心存質疑的人又指控神經科學犯了另外一個錯誤。他們說，要理解一個人的行為，最好方法並不是窺看他的大腦，而是將他放在環境之中。可是，這樣的抨擊火力也略嫌薄弱了一點，因為只有駑鈍的科學家才會聲稱大腦活動是人類行為與意識狀態的唯一或最好的解釋，或是主張大腦活動可以完全取代其他類型的解釋。如果說，我們聲稱可以在大腦的某個特定區域找到墜入愛河的感覺或是解釋某人的政治意識型態，那也未免太蠢了；愛情與政治是無法簡化成某種化學反應。大腦在人的身體裡，而人屬於文化與社會。要找出一個人為什麼投票給民主黨或共和黨的答案，不能只局限在兩耳之間的這個神經元鋼珠台。

話雖如此，如果沒有大腦，就不可能戀愛或是有特定的政治意識型態，而且神經科學家現在也有一些驚人的發現，證明某些行為、信仰與感覺和神經活動有正相關，證據確鑿，不容忽視。正如我們所見，內側前額葉受損會改變一個人的道德判斷。我們現在也知道前額葉涉及控制能力，如果這個區域受到像是失智症之類的疾病侵蝕，患者就會出現「在店員面前順手牽羊、在公眾場合脫衣服、闖紅燈、在不適當的時候突然唱歌、在公共垃圾桶裡翻找食物殘渣……」之類的脫序行為。

同樣，神經科學家有更多關於化學物質的發現，這些化學物質可能導致異常或破壞行為，例如不管是食物、賭博、性愛或購物等各類的上癮症；神經傳導物質多巴胺在此扮演了關鍵的角色。有許多不幸的案例，就是帕金森氏症的病患在接受了多巴胺治療之後，開始無法控制自己的衝動，害他們賠上了儲蓄、事業和婚姻。

這也引起了另外一個有趣的可能性，就是我們是否也可以藉由操縱大腦來改變道德觀也因此改變了我們對電車難題的判斷……

註釋

1 註：達馬吉歐對於費尼斯・蓋吉的故事有精彩的描述。關於蓋吉的歷史事實仍有爭議，有人說他的行為是到了晚年之後才出現變化。

2 註：這個數字出自新美國基金會（New America Foundation）。

3 註：參見Small and Loewenstein，二〇〇三年。

4 註：詳見第八章。

5 註：在這個領域有一些研究，參見Shepher，一九七一年。

6 註：其中一個關鍵的論辯就是，探討區別回應理性的行為與非回應理性的行為究竟有沒有用。比方說，吸毒成癮的人並不會回應理性思考，因此在相容論的一個版本中，毒癮患者沒有自由意志。但是如果一個人回應了理性思考，從這一點來說，他就有了自由意志。因此，如果我喜歡吃球芽甘藍菜，只要餐廳的菜單上有，我可能就會點這個菜；但是假設我在某本醫學期刊上看到球芽甘藍菜可能會致癌，那麼我可能就會避免吃這種菜。這就表示，我要不要吃球芽甘藍菜的決定是「回應理性思考」，因此，根據這個版本的相容論，我就有自由意志。

7 註：他在ＢＢＣ全球網系列節目「大腦的祕密」（The Mysteries of the Brain）中提出這個解釋。

8 註：關於這一點，Neil Levy在「哲學會咬人」（Philosophy Bites）的訪談中，有非常精彩的說明，詳見www.philosophybites.com。

9 註：這可能不是因為他們有更強烈的效益主義傾向，而是因為他們的義務論傾向比較弱。因此，格林認為我們不能說精神病態患者比較效益主義，而應該說他們對於造成傷害的情緒反應比較弱。「說起來，他們其實是非道義傾向的。」（寫給作者的電子郵件）然而，結論是，效益主義考量仍然讓人最後做出爭議判斷的主要因素，例如將胖子推下天橋是正確的事。

10 註：儘管如第十二章所述，有些心理學家已經盡其所能地以３Ｄ技術複製現實場景。

11 註：更多關於新神經科學的批評，請詳見Tallis，二〇一一年。

12 註：應該要指出，有些哲學家認為大腦和心智**確實就是**一而二、二而一的同一檔事。

Chapter 14

生化機器電車

你看起來悶悶不樂的！
需要來一公克的蘇麻[1]。

——阿道斯．赫胥黎（Aldous Huxley）
《美麗新世界》（*Brave New World*）

要知道你能不能信任一個人，
最好的方法就是信任他們。

——海明威

如果邊沁統治這個世界，他會鼓勵大家把胖子推下天橋，因為這個犧牲是為了獲得更大的利益。但是一般人沒有這個勇氣把胖子推下去。一般人也不會覺得他們的主要義務就是讓幸福極大化，反倒是相信他們的行為必須受到約束，比如禁止傷害無辜之人。即便邊沁說服他們真的動手把胖子推下天橋，他們事後也很可能會感到非常懊悔，甚至會不斷回想起現場，半夜還會做噩夢。邊沁肯定會認為任何的內疚或懊悔都是不理性的。但是人類並非永遠都能控制自己的情緒，努力成為效益主義者說不定會有反效果，反而讓我們變得不快樂。

所幸，現在的實驗室可以助我們一臂之力。科學家現在愈來愈了解記憶是如何運作的。大腦內的海馬回（大約只有小拇指的大小，外貌有點神似海馬，因此命名）正是一般認為用來形成記憶的區域，負責整理編排信念與圖像。形狀像是杏仁果的杏仁核則負責傳遞訊號給海馬回，告知有哪些重要的記憶必須要儲存起來。在杏仁核引發的情緒愈強烈，這個記憶就愈可能保存下來。

同樣，我們又要再次稱讚演化過程，安排了一個完全實用的機制，讓我們忘記大部分發生在我們身上的事。但如果我們在街上遭到陌生人的攻擊，就必須要記得這種危險的威脅，因為我們不希望類似的險境再次發生。有時候，這樣的記憶片段會造成過度反應，我們的經歷造成了太過激烈情緒衝擊，導致記憶短路。這似乎正是創傷後壓力症候群（Post Traumatic Stress Disorder，簡稱 PTSD）發生的情況，也是軍方長期以來相當關注的議題。罹患 PTSD 的人會不斷想起驚心動魄的事件。比如排氣管的氣爆聲（聽起來很像砲彈聲），或是跟導致創傷事件聯結非常薄弱的一些小事，都可能會勾起他們的回憶。目睹好友在戰壕內遭到槍殺的人，可能光是看到一片泥濘，就會引發恐慌症。

不久之前，研究人員發現，如果在令人不安的事件發生後的幾個鐘頭之內，讓受試者服用心律錠，這是一種 β 受體拮抗劑，他們就比較不容易罹患 PTSD。最近的研究更顯示，即使罹患 PTSD 多年的人服用心律錠，也有助於改善病情。記憶專家用一個比喻來說明這種藥的功效。想像你在圖書館借了一本書，這本書是從書架上拿下來的，然後你在窗戶旁邊看書，陽光從敞開的窗戶中灑進來，直接照到這本書上，就讓這本書有點褪色，等你把書還回去，放回架上的那本書就是有點褪色的版本。心律錠的作用就像是讓書本褪色的陽光。如果患有PTSD的病人在服用了這種藥物之後，又受到什麼刺激，喚醒他們不願意想起的記憶，這時候重新放回大腦架上的記憶就會變得比較模糊一點。

因此，從理論上來說，如果把胖子推下去會讓我們感到不安，那麼說不定很快就會有藥物問世，讓我們削弱這種記憶的作用。不過，可能還有另外一種更直接的方式，影響我們對於電車問題的抉擇——並非讓創傷麻木的藥，而是修正我們價值判斷的藥。

・道德藥局

科學很快就會發明出一個令人眼花撩亂的大拼盤，裡面裝了各種可能的強化錠，強化體能、強化認知、強化情緒等。有些藥物現在就已經有了。幾十年來，一直有作弊的運動員求助於化學／生物強化劑來改善體能，而且這種藥物和醫學干預的手段也愈來愈精巧，引起世人的關注。認知強化劑也是同樣的道理，例如咖啡的愛好者早就知道咖啡因有興奮提神的功效。但是隨著神經科學家愈來愈了解我們是如何學習語言、研究音樂、認識圖案、專注工作、記得事實、加減乘除等，未來也就不可避免地會針對更多的特定功能，研製出強化的藥物。

情緒強化劑的概念聽起來有點《美麗新世界》的意味。在阿道斯・赫胥黎的這本未來小說中，蘇麻就可以讓每一個人處於知足順服的狀態。讀者覺得這種迷幻劑是一種控制的手段，讓那些吞服迷幻劑的人過著一種脫離現實的不真實生活，但是喝過啤酒的人都知道生啤酒或麥酒對於情緒和抑制功能有迅速而驚人的影響。另外像是開給憂鬱症患者的處方藥百憂解，在已開發世界早就無所不在，使用這種藥物也鮮少會染上什麼社會汙名。

然而，比改變情緒還要更引人非議的是「改良」道德。外界的影響，特別是父母，當然還有朋友、老師和整體的社會影響，至今仍是改變態度和行為最有效的手段，但是未必全然如此。對於涉及倫理價值的化學與生物基礎，我們的知識仍然相當粗淺，但是也進展得非常神速。我們開始知道一些天然化學物質所扮演的角色及其造成的影響，例如催產素、睪固酮、升壓素、血清素、多巴胺等。藉由改變人體中這些化學物質的濃度，心理學家、醫師和哲學家開始發現這些化學物質是如何改變人的行為，改變人對危險、談判、協商、合作、衝動控制與報酬滿足的態度，乃至於對繁衍後代與性愛的態度。

如果你想了解動物的性行為，那麼從草原田鼠著手，會是一個有用的起點。這種囓齒類動物的身材短小，有一根毛茸茸的尾巴，並非最惹人憐愛的生物，至少從人類的眼光來看不是。但是還好，情人眼裡出西施，雄性和雌性草原田鼠都還是覺得彼此非常可愛，這個物種才得以延續下去。的確，牠們只要認定了配偶，顯然就會幸福快樂地在一起，過完短短的一生，至死不渝，在性行為上也不會出軌。

草原田鼠有個近親，叫做草甸田鼠。雄性的草甸田鼠有一點特別不同，牠們的性生活極度靡爛混亂，甚至有點像是「花花公鼠」。後來研究發現，當草原田鼠交配時會分泌一種叫做升壓素的荷爾蒙，而回應升壓素的細胞，即受體，就在大腦內掌管快感的區域，而草原田鼠的交配對象是這種快感的源頭，因此在情侶間形成一種情感聯繫。然而，對草甸田鼠來說，牠們的受體卻是在大腦的另外一個區域，所以交配並不會讓牠們產生想要結成一對的衝動。但如果在牠們身上注入一個新的基因，影響升壓素的受體，科學家就可以將花心的雄性草甸田鼠，變成忠心不二的有情郎。

講到愛情與性行為，人類跟田鼠之間似乎有很多雷同之處。瑞典一個針對雙胞胎所做的研究發現，升壓素這種荷爾蒙吸收的程度不同，與每一個男性在婚姻生活中過得好不好（以忠貞的程度和離婚率來評估）有強烈的正相關。因此，想像有朝一日，我們可能會要求伴侶測試荷爾蒙的濃度，甚或在更遠的未來，使用基因療法來加強性愛的忠誠度，似乎也不是太過分的詭異幻想了。

那是性行為。我們能不能修正對種族問題的態度呢？這是另外一個造成社會分裂、也更棘手的難題。服用心律錠，也就是前文所說的β受體拮抗劑，除了影響記憶之外，還有各種千奇百怪的作用。有一個任何人都可以做的測驗，叫做隱性態度測試（Implicit Attitude Test），在測驗中有些字眼必須貼附在白人和黑人的臉上，其中有好字眼（如和平、笑、快樂），也有不好的字眼（如邪惡、失敗、傷害）。大部分的人都希望相信自己沒有種族歧視，但是卻發現結果頗令人難堪。這個隱性態度測試發現，我們在潛意識中都或多或少帶有不同程度的種族偏見。對於不好的字眼，我們都會比較快聯想到黑人，而不是白人，就連黑人本身也顯示出同樣的偏見。但如果我們在測試前服用心律錠的話，很多隱性偏見就會消失。

使用化學物質來改變倫理行為與判斷，早就不是只限於科幻小說裡的選擇了。人在服用了這些化學物質之後，對電車情境的反應，正可以用來說明特定化學物質是否改變了他們的道德信念，又是如何改變的。心律錠對於電車情境中的道德判斷有什麼樣的影響，至今還不清楚。[2]但是實證科學家已經修正了好幾種荷爾蒙的濃度，也藉此改變了受試者的反應。比方說，有個研究就是調節體內的血清素濃度，結果發現血清素的濃度增加會讓人變得比較沒有那麼效益主義，也比較不願意動手去推胖子。

但是科學家想要決定如何來控制我們的情緒，電車問題並不是唯一可行的測試。另外有一種測試，牽涉到一把鈔票的分配。

・最後通牒博弈

十九世紀美國普爾曼公司的大罷工是許多罷工活動的典型，普爾曼公司蒙受了巨額的損失，對工會及其會員來說也是一場災難。這場罷工讓鐵路公司短缺了將近四百五十萬美元的收入，另外還有七十萬美元的支出；而十萬名參與罷工的工人合計損失的薪資，據估計也高達一百四十萬。

從博弈理論（Game Theory）衍生出來的「雙贏」這個名詞，現在已經是十分流行的詞彙，但是「三輸」就沒有那麼風行。普爾曼罷工的結果正是「三輸」，一般罷工通常都是這樣的結果，公司輸了，勞工輸了，還有社會大眾也永遠是輸家。工會採取這種讓他們處境變差的手段，或許會被視為不理性；嗯，或許吧，至少在某一種理性的定義之下，確實是不太理性。然而，遇到了這樣的事情，人類並非始終都是理性的動物。在倫敦大學女王廣場[3]的一間地下室裡進行的一項實驗，就是探討這個問題。

想像一下這樣的情境。有兩個很渴的人，姑且叫他們哈利與歐利好了。哈利與歐利兩人素昧平生，有人給他們一杯水，讓兩個人分。哈利將水倒在兩個玻璃杯裡，他將四分之三杯水都倒在自己的杯子裡，然後把剩餘的四分之一倒在歐利的杯子。歐利看起來不太高興，他有兩個選擇，他可以喝掉哈利倒給他的那些水，也可以拒絕；不過如果他拒絕的話，他們兩個人都沒有水可以喝。

在過去這三十分鐘之內，歐利都吊著食鹽水點滴，他的頭有點痛，嘴巴很乾，任何一點水都比沒有要好。可是他看著哈利那個玻璃杯，裡面裝著快要滿的清涼冷飲，再看看自己那杯少得可憐的水，於是他搖搖頭，他才不要讓哈利一個人喝掉幾乎所有的水呢。

結果，哈利其實是一盆植物。歐利有所不知的是：原來他在測試一個有很多人拿來跟電車問題類比的謎題——最後通牒博弈。[4]

最後通牒博弈的發展軌跡跟胖子問題很類似。它第一次出現的時間在一九八二年，只比胖子難題早了一點。剛開始的時候，只在一個學門底下發展（經濟學），最初是以一種純先驗方式用來分析談判的理想化狀態，這個問題可以用數學在紙上解決（而且相當簡單），然後再拿到現實世界中測試答案。後來，這個博弈離開了原生的學門，進入其他的領域，包括演化生物學、人類學、社會學和神經科學。就跟胖子難題一樣，最後通牒博弈所發現的結果，也被視為人類道德是天生的、是與生俱來的證據。另外也跟胖子難題一樣，這個博弈被用來測試干擾化學物質會如何改變我們的決定。而且跟胖子難題一樣，它也遭到很多刻薄惡毒的批評，指稱這個學術實驗純粹只是實驗室裡的人造產物，根本無法移植到現實生活，也沒有任何用處。

標準的最後通牒博弈會有兩個人，這一次，姑且叫他們湯瑪斯與亞當好了。有人給湯瑪斯一筆錢，假設是一百英鎊；他可以任意決定要將這一百英鎊分多少金額給亞當，而亞當則可以選擇接受湯瑪斯分配給他的金額，或是完全拒絕，但如果他拒絕接受的話，那麼兩個人都一毛錢也拿不到。就算湯瑪斯決定只給亞當一英鎊，那麼亞當似乎也應該接受，這樣才合情合理。畢竟亞當如果接受了這樣的分配，他還拿到了一英鎊，一英鎊總是比什麼都沒有要好，如果他拒絕的話，就什麼都拿不到了。既然不管分多少金額給亞當，也不管金額多小，亞當似乎都應該接受，那麼湯瑪斯似乎就應該分給亞當愈少愈好，這樣才合情合理。

這是數學模型可能會預測的結果，也是經濟學家口中所說的「理性經濟人」(Rational Economic Man)應該要有的反應；但是，結果卻不然，因為一般血肉之軀的世間男女並不是這麼想的。當這個實驗最早測試美國的受試者時，出現了兩個意外。第一，扮演湯瑪斯的人通常會拿出總數的百分之四十，有些人甚至拿出一半；第二，扮演亞當的人，也就是接受方，通常會拒絕低於百分之二十五的分配金額。他們寧可破壞整個交易，也不願意接受少的可憐，甚至近乎羞辱人的金額。

最後通牒博弈成了經濟學家最愛的實驗，也做過無數次的嘗試。跟胖子難題一樣，實驗人員也會改變不同的變數，以不同的金額，對不同的年紀、不同性別、雙胞胎或是不同的種族與族群的受試者，在不同的地方進行測試，甚至還用動物來測試（黑猩猩是最理性的動物，不管給他們多少，他們都會一律接受！）[5]也有人比較相貌平庸和面目姣好的受試者，看看他們的行為是否會不一樣。另外一個實驗則是比較兩名受試者彼此相識或是完全陌生的情況，看看會有什麼差異。他們也曾經在很疲憊的人身上測試最後通牒博弈，也曾經模仿哈利與歐利的實驗，測試口很渴的人。

為了讓博弈更真實，賭注當然也必須是真的才行。但即使是財力雄厚到令人豔羨的大學，經費依然有限。基於財務考量，這個博弈的賭注只能局限在極小的金額，這當然也會扭曲實驗的結果，因為如果生活相當富裕的人對吝嗇的分配感到不滿的話，斷然拒絕也不會是什麼難事。但是，最後通牒博弈的實驗已經在全球三十幾個國家進行過，其中也包括那些一美元的購買力遠比在美國要強很多的地方。其中最特殊的結果出現在印尼，在一百美元的博弈中，受試者通常會拒絕三十美元或以下的分配。這可是在一九九五年做的實驗，當時的三十美元已經相當於兩個星期的薪水了。

所以，這究竟是怎麼一回事呢？為什麼有些人願意拿出超過他們必須拿出來的金額呢？又為什麼有些金額會遭到拒絕？為什麼會有人瞧不起意外之財呢？

這有兩種解釋。有一派的人認為這個結果掩飾了我們赤裸裸的利己天性，因此有誤導的嫌疑。另外一派的人則以最後通牒博弈當作證據，證明我們至少有一部分的利他天性，還有我們一生下來就具備了公平的信念與天性。

最後通牒博弈是相對比較新的實驗，不過卻觸及一個歷史相當久遠、族繁不及備載的論辯，簡單的說，就是人性本善或本惡（抑或是完全由經驗塑造）。耶穌基督、約翰・洛克（John Locke）、盧梭、小說家威廉・高汀（William Golding）都曾經參與過這場論辯。洛克認為人在出生時，心智是一塊白板，我們的信仰是由經驗形塑捏造的。但是其他人——且讓我們將其分為霍布斯學派和斯密學派好了——則懷疑嬰兒在呱呱墜地時，就已經具備道德天性。霍布斯（Thomas Hobbes）相信人類基本上都是利己的動物，如果沒有群體或國家警察的力量介入，人類早就把彼此給打個半死，甚至晚上會嚇得睡不著覺。儘管現代的諷刺漫畫都將蘇格蘭經濟學家與哲學家亞當斯密（Adam Smith）描繪成霍布斯學派的擁護者，贊同他對人類心理如此陰森的診斷，不過事實上正好相反。沒錯，亞當斯密確實在《國富論》（*The Wealth of Nations*）一書中提到，當人們都追求個人私利所得時，市場那隻看不見的手就可以有效運作。「我們之所以有晚餐可吃，並不是因為屠夫、釀酒師和麵包師傅的善心，而是因為他們想要追求他們自己的利益。」然而，在《道德情感論》（*The Theory of Moral Sentiments*）一書中，他也明確寫道，利己主義並非唯一且具有主宰力量的動機：「不管我們認定人有多麼自私，但是天性中顯然有一些原則，讓他關注到其他人的命運，甚至認為他有必要顧及他人的幸福，儘管他從中一無所獲，只有看到他人幸福的快樂而已。」

雙方陣營都引用最後通牒博弈來支持他們的論點。在一項實驗中，負責分配的人可以完全隱姓埋名，這時候，就有更多的人提出更貪婪的分配方式，顯示促使人類行為的動機未必是利他主義，而是顧及自己的名聲。想要保有良好的聲譽，比方說誠實或是公平交易，顯然可以讓買賣或談判進行得更順利。（有很多研究都是以學生為對象，而他們知道教授對實驗結果很感興趣，因此他們會投其所好，提出比較慷慨的分配比例，也就不足為奇了。）

霍布斯學派的觀點也獲得跨文化的支持。儘管印尼人的行為跟印地安那州的人相去不遠，不過在其他地方卻觀察到一些奇特的結果。在小規模的社會裡，慷慨解囊地分給陌生人就比較少見（或許是因為在這樣的社會中，通常不需要跟陌生人打交道）。更奇怪的是，在世界上一、兩個遙遠的角落，尤其是美拉尼西亞（Melanesia）的奧族（Au）與瑙族（Gnau）人民，出現了高度慷慨的分配案例（超過百分之五十），而且更不尋常的是，甚至還有一些人拒絕接受！研究人員以美拉尼西亞當地藉由給予他人禮物追求自身地位的文化來解釋這個驚人的現象，拒絕接受他人的贈與，就是拒絕成為他人的下屬。因此，這些結果跟霍布斯學派的分析並無二致：我們基本上還是利己的動物。

但是支持亞當斯密學派的證據也是汗牛充棟，至少在某種程度上認為我們有利他的天性，認為這是我們與生俱來的生物性，有一種天生的利他本性或是正義感，讓我們提出慷慨的分配比例，或是有一種天性的公平感，促使我們拒絕不公平的待遇。當然，也有證據顯示，生物性也在其中扮演了重要的角色。在瑞典，有個研究比較同卵雙胞胎與異卵雙胞胎的行為差異，結果發現基因也是一個驚人因素：同卵雙胞胎願意提出或是接受的分配比例都差不多，異卵雙胞胎則不然。

研究人員也曾經以另外一種方式驗證生物因素。口渴的受試者如果被分配到的水極少，他們通常會拒絕，而不是接受。也曾經有實驗測試睡眠不足的受試者，你可能會以為疲憊的人，不管別人給什麼，他們都會接受，因為輕微的不適會讓人比較不在乎分配比例是否公平。事實上，結果似乎正好相反。如果受試者睡眠不足，累到無法反思分配是否公平，這時候情感就占了上風，不公平的分配比較可能會被不留情面地丟回給分配的人。

研究我們如何回應電車問題的同一批心理學家與神經科學家，也曾經利用最後通牒博弈。因此，最後通牒博弈的測試也曾經用在精神病態患者和那些內側前額葉（也就是形成社會情感的部位）受損的病人身上。如前文所述（詳見第十三章），內側前額葉受損的病人比較傾向於把胖子推下天橋；而在最後通牒博弈的測試中，這樣的病人也較會拒絕不公平的分配；在受到挫折是被激怒時，也有易怒和任性的傾向。

神經科學家的研究重點，則是人在看到吝嗇（或是慷慨）的分配時，大腦會有什麼樣的反應。當接受方拿到比較大的金額時，大腦的報酬反應區（也就是跟吃巧克力有關的區域）會比較活躍；反之，拿到的金額較小時，大腦中主管嫌惡反應的腦島皮質則會活化。

・起司支票

研究人員曾經利用電車問題來評估像血清素、睪固酮和催產素這些荷爾蒙對人類行為的影響，最後通牒博弈也有相同的功能。

因此，有一項實驗顯示，體內血清素濃度較高的人，比較願意接受其他人認為不公平的分配比例。如果你必須要一邊喝啤酒、吃三明治，一邊跟工會領袖談判的話，那麼最好的策略就是在麵包裡夾上一片厚厚的起司，因為起司富含血清素。那些相信經理階層撈走了大部分利益的勞工，會不惜以自殘來懲罰老闆；換言之，就算落得兩敗俱傷，他們也要讓對方受到懲罰。但是血清素卻有助於降低這種衝動。至於睪固酮則會減損慷慨的程度，而催產素則正好相反，或許這正是女性在分配時比男性慷慨的緣故吧。

那麼，我們是不是應該開始在空調系統裡加催產素了呢？謹慎原則建議我們還是三思而後行。首先，如果我們搞亂了像催產素、血清素和睪固酮這些荷爾蒙，結果絕對不會這麼簡單。這些小小荷爾蒙可都是斯達漢諾夫式[6]

的模範勞工，它們辛勤不懈地工作，而且彼此協調合作。因此，人為干預一般認為有正面效果的荷爾蒙，也可能會導致負面的結果；有些結果甚至可能不只是有害，而且是不可逆的。

更重要的是，在某種情況下似乎是有益的動作，到了另外一種情況，卻可能變得有害。吸一口催產素到鼻腔內，會讓人更相信別人，如果我們能夠多相信彼此一點，整個社會可能會運作得更順暢。但是反過來說，我們也不希望年輕婦女太過輕信他人，甚至到了週末夜晚隨便跟陌生男人離開夜店的地步。[7]

因此，對於新科技的應用要格外謹慎，並不是沒有原因的。整體而言，演化已經賦予我們相當不錯的能力，我們並不會永遠都信任別人，因為不是每一個人都值得信任。但是，演化未必做對每一件事情，比方說，如果我們能夠對遠方陌生人的苦難有多一點點的關心，肯定會更好。有些知名的研究顯示，如果我們聽到有什麼不幸發生在某一個人身上的時候，會比我們聽到有一千個人發生不幸時還要更關心，這其實並不合理。儘管我們在採取行動改善我們的道德時，必須評估一下風險，但是在某些情況下，加強我們的道德感不但是可以接受，甚至還是必要的做法。

註釋

1 譯註：「蘇麻」（soma）是赫胥黎在科幻小說《美麗新世界》裡創造出來的一種沒有副作用的迷幻藥，可以安定情緒，痲痹感情。

2 註：在二〇一二年有一篇論文指出，跟我們直覺相反的是，心律錠讓人更傾向於認為殺死胖子是不可以接受的行為。由於心律錠會淡化情緒與恐懼，一般人可能會預期出現相反的結果。

3 譯註：女王廣場（Queen Square）是位在倫敦市中心的中庭花園廣場，四周有許多建築物都隸屬醫學研究和行政單位，包括國立神經與神經外科醫院（National Hospital for Neurology and Neurosurgery）、倫敦皇家綜合醫院（Royal London Hospital for Integrated Medicine）、倫敦大學學院的神經學研究所（the Institute of Neurology）等。

4 註：有關研究發現及最後通牒的博弈，詳見Wright等，二〇一二年。

5 註：不過，靈長類動物會有不同的行為。他們還沒有在捲尾猴身上測試過最後通牒博弈，但如果一隻猴子用一根棍子換到了一片小黃瓜，卻看到另外一隻猴子以同樣的棍子換到看起來更可口的葡萄，那麼不管公猴、母猴都會極度憤怒，甚或可能完全拒絕接受小黃瓜，厭惡地扔到一旁。

6 譯註：「斯達漢諾夫式」（Stakhanovite）這個辭彙源自蘇聯時期的一名礦工斯達漢諾夫（Alexey Grigoryevich Stakhanov），一九三五年蘇聯政府推動提高勞工產能，展現社會主義經濟體制優越性的運動中，他成了模範勞工。然而，事實上，他的產能並非一己之力，而是整個工作團隊合作的結果。

7 註：即使像催產素這種看起來很可愛無害的分子，也可能會有複雜的作用，詳見De Dreu等，二〇一一年。這篇論文顯示催產素會增加人對圈外人的成見，也就是對於不屬於自己團體（比方說種族或族群）的人會有偏見。

PART 4

電車及其批評者

Chapter 15

逆火街車

我才不搞電車呢。

這是我在邀請一位傑出的哲學家討論電車學時，他不屑的評語。[1]另外一位哲學家則哀嘆道：「這是道德哲學病入膏肓的徵狀。」

有些道德哲學家終其一生都在鑽研類似電車的難題，還有更多人在演講、座談中引用電車學，指導學生至少讀一部分的電車學文獻；可是，其他的哲學家一聽到電車學，就一肚子怒火，恨不得把這些電車全都引導到一個遙遠偏僻的車庫裡，永遠不見天日。這都是菲莉帕・芙特的錯，誰叫她在無意間創造了這個科學怪人式的怪獸學門呢？

這種恐懼與反感，值得我們深究。

這不可能是對所有思想實驗的質疑，我們勢必得用更廣闊的視角來看電車學。思想實驗與延伸暗喻是哲學最基本的元素，不只是道德哲學的主要成分，也是這個學門內所有次學門的主要成分。柏拉圖在《理想國》(*The Republic*)中就有一個很有名的洞穴比喻。銬在洞穴裡的囚犯看到牆上的影子誤以為是真人，其實，那些影子是由躲在他們身後的木偶師傅操縱人偶形成的。柏拉圖旨在說明我們跟現實的脫節是多麼嚴重。現代哲學之父笛卡兒

（René Descartes）也在《沉思錄》（*Meditations*）裡提到了一種可能性，就是惡魔欺騙我們相信一些我們原本確信不疑的事情，例如二加三等於五之類的。洛克也有一個著名的思想實驗，假設有一名王子的靈魂，連同所有的思想與記憶，全都轉移到一名補鞋匠的身上；洛克相信，隨著時間推演，讓一個人還是同一個人的要素，不是他的身體，而是他的意識。在十八世紀，康德也提出一個假設，有個無辜遭到獵殺的人躲到你的家裡，兇手找上你家來敲門，要求你告訴他，獵物是不是躲在裡面。（康德聲稱，即便在這樣的情況下，說謊仍然是錯的。）維根斯坦則是假設我們每一個人都有一個火柴盒，裡面放了一個我們全都稱做「甲蟲」的東西，但是我不能看你的火柴盒，你也不能看我的。他藉由這個例子來說明私有語言，也就是（一定）只有一個人使用的語言，是多麼荒謬的概念。他說，在這個例子中，「甲蟲」這個名詞不可能是單指某樣特定的東西，因為我們每個人的火柴盒裡可能都放了不同的東西。

到了最近，在二十世紀的後半，諾齊克（Robert Nozick）則是提出了我們能不能接上一台「經驗機器」的問題。這台假設性的裝置設計得極為精巧，不但讓我們立刻忘了自己接上了這麼一台機器，而且保證得到的一定是歡樂的「經驗」（比方說我們獲頒諾貝爾獎，或是在世界杯足球賽中以一記精彩的倒掛金鈎踢進了致勝的一球）；這些經驗都不是真的，但是我們都願意相信是真有其事。德瑞克・帕菲特借用科幻小說，提出了一個不免令人擔憂的個人身分問題。如果有一台光波傳輸機可以將我們身體的每一個分子都傳送到另外一個星球再重新組合，我們還會是同樣的一個人嗎？約翰・瑟爾（John Searle）想像有一個「中文房間」，在這個房間裡有一個人，會拿到一張從門縫中遞給他的字條，雖然他完全不懂中文，但是依照手冊中一套複雜的指示，將手冊中規定的回覆依樣畫葫蘆地抄寫在字條上，再從門縫底下送出去；我們站在門外，可能就會以為他懂中文，而實際上他一個字也不認得。這個思想實驗的重點在指出電腦永遠都不會真的思考或是理解。

因此，從古至今，思想實驗都在哲學文獻中留下足跡，結果竟然成為電車恐懼症的集體攻擊目標，似乎有點不可思議。或許，電車恐懼症是比較具體的反對在道德領域中使用電車，這就有可能了。但即便如此，似乎還是有失牽強，來自效益主義學派、亞里斯多德學派、康德學派等各個學派的著名哲學家，都曾經在論述或舉證時，用到思想實驗。

的確，我們在電車難題中的直覺確實有令人質疑之處（詳見第十章），我們的直覺也很容易受到操縱或是受到與道德無關的因素影響，有些電車問題也設計得太古怪，讓人不知如何回應才好。況且，即使有些情境可以引起幾乎算是舉世皆然的反應，那種情境也不常見，而且人為斧鑿的痕跡太深，因此一旦走出研討會，這些案例就無法應用在現實生活中。畢竟，古怪的案例未必能為一般性的行為提供可靠的指南。

可是砲火最猛烈的抨擊者，仍然想對電車學發動更深層的攻勢。基本上，電車學的主題就是關於人類應該怎麼做。他們應該引導電車轉向嗎？他們應該把胖子推下去嗎？但是有一個可以追溯到亞里斯多德的哲學傳統，卻強調另外一個問題：他們關心的不是人類怎麼做，而是有什麼樣的人格。他們是勇敢、怯懦、慷慨、吝嗇、真誠，還是不誠實？他們又有什麼樣的美德與缺陷？[2]

一個有道德高尚的人如果也會衡量得失，甚至考慮將別人推去送死——至少在伯納德·威廉斯的眼中，這樣的想法缺乏連貫性，用他的話來說，實際的思想不可以「超越經驗」。[3]換言之，慷慨的人就是有行事慷慨的動機，並且會身體力行。如果我們形容一個人很誠實，但是又說他在符合效益主義原則的情況下隨時都可以說謊，這樣的話就沒有什麼意義了。

在無意間創造了電車學的菲莉帕·芙特不會反對這樣的說法。她跟她的朋友伊莉莎白·安斯康姆和艾瑞絲·梅鐸，都在德性倫理學傳統的復甦運動中，推波助瀾，貢獻了一己之力。梅鐸還假設了一個案例，經常有人拿來引用。有個婆婆顯然是因為嫉妒心與勢利眼作祟，完全瞧不起兒媳婦，覺得兒媳婦既粗鄙又不成熟，不但有失體面也缺乏教養。可是，在仔細反省三思之後，她終於對這樣的個性有不一樣的看法，於是她的兒媳婦就不再是行為不端莊，反而是真誠不造作。

當然，這種看法改變的結果，就是這位婆婆對待兒媳婦的方式也有所改變。但是，這可以說是先有認知，才有行動，也就是說，在正確的認知之中，完成了艱困的道德工作。亞里斯多德在他的《尼各馬科倫理學》（*Nicomachean Ethics*）一書中，將智慧區分為好幾種類型，有修辭上的智慧，也有一種叫做「phronēsis」的智慧，通常譯成「實踐智慧」。根據新亞里斯多德學派的理論，一個有實踐智慧的人就會知道什麼才是正確的行為。

・非常的個別

電車學家的本能，其實跟科學家沒有什麼兩樣，至少在以下這方面。電車學家想要知道哪些道德差異是有關聯的，因此他們不斷試探、評量、比較和對比我們的直覺。電車學者想要利用「乾淨」的案例，來協助我們在這個混亂的世界中找到道德導航。然而，亞里斯多德學派的人對於道德領域的概念，卻完全不是這麼一回事。擁有實踐智慧的人並沒有任何形式的道德算盤，也不擅長利用任何抽象的調查來掌握道德的方向；反之，這個人就是——有個哲學家說的很好——「有情境理解力」。

沿著這條思路走到極端，就是道德個別主義（moral particularist）了。[4]根據個別主義的理論，不管是結果論（如「永遠追求最大的幸福」）或是義務論（如「不可以說謊」），其實根本就沒有什麼正確的道德格言或原則，每一個案都是獨特的。當然，其中會有相關的道德考量，也許是某個行動是否涉及說謊，或者是否造成別人受苦。有時候，道德個別主義者會想要引用雙重效果論，不過並沒有什麼規則是不可變通的，最多就只有基本的參考原則罷了。倫理思想無法如電車學家所願，可以用系統化的原則予以歸納；因此，電車學家的事業，從一開始就注定要走入死胡同。

有些人強烈反對電車學，也有人質疑這世界上可能找不到比這個更微不足道而且不公正的學科。另外，還有一種感覺就是電車學，還真他媽的太好玩了，而好玩跟嚴肅的知性研究是不能相容的。感覺上，這有點像是刊登在報紙字謎版面上，跟數獨遊戲並列的腦筋急轉彎。彼得・辛格就擔心這會讓

「哲學……淪落到解答棋謎的地步」，雖然他也曾熱愛下棋，「但是應該還有更重要的事情要做」。

如果這樣的譴責是針對像卡姆這樣的哲學家，那似乎也太殘酷了，畢竟她投注了一生的事業，在解決類似電車這樣的謎題。不管在背後推動卡姆教授的動機為何，那絕對不只是好玩而已。「聽到有人說：『這個討論很不錯，挺好玩的。』我總是感到意外，心想：『好玩？**好玩**？這是很嚴肅的事……如果我們研究的是太空總署的火箭，火箭順利升空了，我們可不會說：『嗯，那挺好玩的！』……那真令人驚嘆呀！——這才是正確的說法！」

無論如何，電車學家和電車恐懼症終究必須認同他們之間有不同的看法。將這個倫理學的研究方法批評得一文不值，等於是徹底拋棄數十位嚴肅的思想家嘔心瀝血寫出來的十幾本書和數以百計的論文。德瑞克・帕菲特的書《理性與人格》（*Reasons and Persons*）被譽為幾十年來在道德哲學領域中的最重要的著作，雖然這本書本身並不是探討電車學，不過卻以電車學的方法為例，來說明哲學。書中有大量的假設性思想實驗，也在無數幻想出來的情境中測試直覺，然後從中導引出行為準則。這還只是這個「學門」中眾多著作的一本而已。如果電車學被引入歧途，那麼以電車情境為論辯基礎的諸多著作也是如此。拒絕整個方法論，就意味著有很多哲學家浪費了他們的時間。（「那也不會是第一次就是了，」一位德高望重的前牛津大學教授輕聲地說。）難道我們不應該停下來，好好地想一想嗎？

註釋

1 註：很抱歉，這位哲學家不願意具名。

2 註：當然，人格與行為是不能完全切割的。在亞里斯多德的觀念中，人格跟行為的傾向有關。勇者會怎麼做？或者智者會怎麼做？但是人格同時也涉及情感。勇者在採取行動時也會有某種情緒。

3 註：伯納德・威廉斯在一篇名為〈效益主義與道德的自我放縱〉的論文中說過這樣的話，第五一頁。

4 註：這個理論系統由Dancy構思出來，也闡釋得最好。詳見Dancy，一九九三年。道德個別主義理論在一些重要的層面都有問題，比方說，如果我們接受道德個別主義，但是在某個特定的情況下，我們要如何判定在不同的判斷之間什麼才是合乎道德，這一點並沒有說明得很清楚。

Chapter 16

終點站

真理無可爭辯，
有人惡意攻訐，有人無知取笑，
但是到頭來，真理猶存。

——邱吉爾

二〇〇五年，在卡崔娜颶風將紐奧良部分地區夷為平地之後，有一位國民警衛隊的隊員曾經說過：「有時候我看到一家兩口困在一個屋頂上，同時又有一家六口攀在另外一個屋頂上，而我當下決定必須要去救誰。」

後來，曼谷市民也對這樣的困境特別感同身受。二〇一一年，迂迴流過泰國首都曼谷的湄南河河水暴漲，比正常水位高出了三公尺，那年夏天的洪水已經奪走了數百人的性命。為了拯救有許多的民眾居住，還有無數觀光客前來花錢消費，更是主要商業根據地的曼谷市區，泰國當局下令築了一條長達十五公里的沙包堤壩，防止洪水流入市中心。此舉固然讓市區免於水患，卻導致保護區以外的洪水倍增。住在曼谷市北方、西方和東方的居民當然怒不可遏，在忍無可忍的情況下，要求在堤壩上挖一個洞，讓上漲淤積的河水得以宣洩。警方不得不派遣數以百計的警力，駐守在保護區周邊，防止這道堵水牆遭到破壞。

在電車學的眼中，這種現實生活中的難題再熟悉不過了。目前，電車學產業的體質不佳。隨著心理學與神經倫理學的蓬勃發展，以及在欣欣向榮的實驗倫理學推波助瀾之下，這個領域曾經盛極一時。類似電車的問題在現實生活中出現，而電車的思想實驗也持續產出哲學的學術論文。

但是，跟多數產業一樣，在達到巔峰之後，就不可避免地盛極而衰。有些哲學家或許會補上一句：時候也差不多到了。的確，我們也很難想像電車主題還能變出什麼新花樣，提出更多的闡述。現有電車情境的複雜程度，早就已經到了我們想像與可以相信的極限，超越這個極限之後，我們的直覺就會變得模糊不清。

電車學的宗旨是要提出一個或是更多的原則，來說明我們的強烈反應，同時讓我們了解一些道德的本質。結果卻演變成一本拖泥帶水的哲學偵探小說——不同的情境提出不同的證據，證明不明的結論。

會不會是電車學的創始人芙特與湯姆森，不小心將電車推到了錯誤的軌道呢？這一點仍然不無可能。

在阿嘉莎・克莉絲汀（Agatha Christie）的推理小說《尼羅河謀殺案》（*Death on the Nile*）中，讀者受到作者誤導，相信兇手絕對不可能是最明顯的那個嫌疑人（因為她顯然有滴水不漏的不在場證明）。後來，那個身材矮小、留著翹鬍子的比利時偵探白羅（Hercule Poirot），發現他被騙了，原來兇手一直都是那個嫌疑最大的嫌犯（只不過她有共犯替她圓謊）。

芙特與湯姆森都不願意訴諸雙重效果論。不過，這個在將近一千年前由阿奎那提出來的理論，卻引起很強烈的直覺共鳴。其核心就是意圖行為或者僅僅只是預見之間的差別，在岔路難題中，我們預見會有死亡發生，卻不是我們的意圖致死，但是在胖子難題中，我們會意圖讓死亡發生。這樣的差別在效益主義者眼中是沒有意義的，因為不論是岔路或是胖子難題，救了五個人的結果都是一樣的：有一個人會死。可是絕大多數非效益主義者仍然認為，意圖的性質與行為判斷之間，確實有明顯的關聯。

如果意圖和預見之間的差別就是我們這個道德難題的謎底，在我看來，似乎確實如此，那麼，湯姆森的環狀軌道難題無非就只是轉移焦點的手法罷了。她問道，多出幾公尺的軌道怎麼會造成什麼差別呢？而她的答案是：不可能會有差別。於是，這讓許多哲學家費盡心思去尋找另外一個替代的原則。不過，那多出來幾公尺的軌道確實會造成道德上的差異，畢竟，在環狀軌道案例中，我們看起來確實好像是意圖殺害那個在軌道上的人。正如我們在實驗中所看到的結果，如果我們讓受試者先看到環狀軌道案例，再看岔路難題，而不是反過來，那麼他們就更傾向判斷動手改變電車的方向是不被允許的。於是，湯姆森的直覺就不再獲得一致的支持了。

雙重效果論提出了一個解釋，說明岔路難題與胖子難題中的道德差異性。這個解釋有諸多優點：簡單而經濟，看起來並不武斷，而且在範圍甚廣的許多案例中都符合我們的直覺。這也是胖子至少在我的手裡還算安全的原因。

・終局

這本書裡提到的其他人，後來怎麼樣了呢？他們的命運如何？

克里夫蘭總統的主要電車問題來源——普爾曼，他在一八九四年的大罷工之後只多活了三年。當時美國還組了一個委員會調查罷工的成因，結果認定普爾曼公司打造的員工城鎮違背了美國精神。眾人對普爾曼的唾棄嫌惡，連他自己也不得不承認，他甚至還預做安排，確保在死後，他的遺體不會被挖出來鞭屍。他的遺體放在一個鋪了一層鉛的棺木中，葬在鋼筋混凝土打造的墓穴裡。普爾曼公司也迅速走下坡。克里夫蘭總統並沒有完全從罷工的傷害中復原，也沒有在一八九六年的民主黨全國大會中獲得提名連任。

克里夫蘭的女兒艾絲特去倫敦旅行時遇到了她未來的丈夫。他們的女兒小菲在發表電車論文後不久，就辭去牛津大學的教職去美國講學，擔任多所大學的講座教授，最後在加州大學洛杉磯校區落腳，擔任哲學系教授。不過她仍然花很多時間在牛津，最後也在那裡退休。二〇一〇年，她在九十歲生日當天逝世。所有的報紙訃聞都提到了電車問題。

ೱ ೱ ೱ

儘管受到芙特的朋友伊莉莎白・安斯康姆的強烈抨擊，杜魯門總統仍然獲得牛津大學頒發的榮譽博士學位；他還輕蔑地稱呼其為「軟帽子」學位，指的是獲頒榮譽學位者必須戴的黑色天鵝絨博士帽。他在頒贈典禮前舉行記者會，否認他知道安斯康姆引起的騷動。「英國人很有禮貌，他們都沒有讓我知道。」而且他也重申他一點也不後悔丟下了原子彈。「如果必須再重來一次，我也會再重做一次。」一九五六年六月二十日中午，他在「天佑女王」的樂聲中走進了謝爾登劇院，身上披著亮麗的深紅色博士袍，在十八世紀的桃花心木高背椅上坐定，椅背上裝飾著繁複的盾徽紋章，是這種場合的專用座椅。這時候，全場觀眾響起熱烈的掌聲，當杜魯門起身鞠躬時，掌聲更是加倍響亮。

安斯康姆本人倒是沒有參加典禮，但也沒有人感到意外就是了。有一家報紙引述她的話說，她當天會跟平常一樣工作。但是她針對杜魯門的激烈言論中所提出來的論點，卻造成了極大的影響，不只因此改變了天主教會對戰爭的立場（羅馬天主教會對於二次大戰中盟軍連番空襲德國城市一事，幾乎是完全保持緘默），而且更讓正義戰爭的理論在軍方及其以外的領域廣為接受。

她的學術生涯也蓬勃發展。一九七〇年，她成為劍橋大學的哲學教授，這原本是她的精神導師維根斯坦的職位。她始終都是虔誠的天主教徒，還因為在墮胎診所前抗議而兩度被捕。她在一九八六年退休，二〇〇一年去世，就安葬在維根斯坦的墳墓旁邊。她跟芙特漸行漸遠。安斯康姆坦承她一直覺得很遺憾，未能說服芙特相信世界上真的有上帝。

ஐ ஐ ஐ

艾瑞絲・梅鐸在一九九九年逝世，死前數年一直為阿茲海默症所苦；她的丈夫約翰・貝里(John Bailey)將這段時間的事情寫成了書，後來改編拍成一部極為成功的電影《長路將盡》(*Iris*)。據說，在梅鐸生病之後，只有極少數人能夠跟她獨處而不會引起她的情緒激動，菲莉帕・芙特就是其中一個。[1]不過，世人多半記得梅鐸是小說家，而不是哲學家。她說過，她曾經愛過芙特，「我從來不知道我可以如此深愛一個女人」；而芙特顯然也在梅鐸的小說中多次以不同的形象出現。可是在梅鐸死後，芙特坦承她始終覺得梅鐸有些地方莫測高深。「我們在戰時同居兩年，我跟她至死都是很親密的朋友，但是我從來不覺得我完全了解她……」[2]

在維多利亞時代末期，曾經引起轟動的「女王起訴杜德利與史蒂芬斯」吃人案，很快就被英國人淡忘了。編號五三三一與編號五三三二號囚犯，杜德利與史蒂芬斯，後來回到監獄服完減刑後的刑期。杜德利在獲釋出獄之後，移民到澳大利亞，他在一九〇〇年因為感染黑死病去世，得年僅四十六歲。史蒂芬斯則回到大海討生活，據信他因為憂鬱症而染上酗酒的惡習，後來在窮困潦倒中辭世。布魯克斯後來多次在十九世紀的名人馬戲表演「綜藝秀」登場，才讓這個故事得以流傳下來。

麗娜・阿塔德跟她先生則在他們的連體嬰動了手術之後（瑪麗死了，但是嬌蒂存活下來），回到馬爾他的哥佐島，至今仍跟嬌蒂安安靜靜地在那裡生活。據報導，他們在事後回想起來，還是很高興法院判決他們敗訴。

至於德國那個幾乎算是「定時炸彈」的情境，曼格尼斯・葛芬根因綁架勒贖被判處終身監禁。但是後來幾年內，法律程序依然餘波盪漾。這個案子最終到了歐洲人權法庭，德國被判違反了不得刑求以及不人道與有辱人格虐待的禁令；葛芬根也控告亞琛邦（Hesse）政府，以他經歷刑求威脅遭到創傷為由，要求賠償。二〇一一年，德國法院判決他可獲得三千歐元的賠償。在幕後主導刑求威脅的警官沃夫岡・達許納則遭到罰款，並轉調其他職位。在此同時，葛芬根在獄中完成了法律學位，不過他想要成立「葛芬根基金會」來幫助犯罪受害兒童的計畫卻被駁回，有關當局說他們絕對不會批准讓這個基金會註冊。

半個世紀以來，電車學提供了一個挑戰基本倫理問題的工具，關於我們應該如何對待他人以及該如何過日子的重要問題。菲莉帕・芙特一開始提出電車問題時，是為了介入墮胎的論戰；現在，類似電車的挑戰則比較接近思索在戰爭中行為型態的合理性問題。邱吉爾的難題，也就是要不要將飛彈引導到人煙較稀少的地區，持續以其他的形式復活重生。胖子難題凸顯了道義倫理學與效益倫理學之間旗幟鮮明的對比。大部分的人並沒有效益主義的本能（效益主義者自己也都承認），他們相信邱吉爾以人民為盾牌的做法是錯的，即使他的目的是為了拯救更多人的性命；如果他強迫或是誘騙人民走進納粹威脅的範圍，那麼他也同樣做錯了，即使他的目的是為了拯救生命。然而，就整體而言，他支持將小飛蟻轉向投往倫敦南區的誘敵計畫，則無疑是正確的。

為什麼會有這樣的差別？哲學家的看法莫衷一是。但是不管答案為何，胖子在天橋上的奇怪情境，肯定就是關鍵。我是不會殺死胖子啦，那你呢？

註釋

1 註：這是艾瑞絲・梅鐸研究中心（Centre for Iris Murdoch Studies）的Anne Rowe所說的話，刊登在二〇一二年八月三十一日的《衛報》（*The Guardian*）。

2 註：Warnock，二〇〇〇年，第五二頁。引述芙特寫的悼梅鐸文，刊登在一九九九年復活節學期的《今日牛津》（*Oxford Today*）。

Appendix

附錄

十列電車：再看一次

圖一：岔路難題。
你站在火車鐵軌旁，看到一輛失控的列車朝你這裡呼嘯而來：顯然是煞車失靈了。你看到前面有五個人被綁在鐵軌上；如果袖手旁觀，那五個人就會被火車輾過，命喪黃泉。所幸，你旁邊就有一個訊號開關，轉動開關，就可以引導這列失控的火車轉向你眼前的另外一條支線，也就是一條岔路。可是，不好了，這時候又有一個意想不到的障礙。在那條岔路上，你也看到一個人被綁在鐵軌上，改變列車的方向將無可避免地導致此人送命。這時候，你該怎麼辦呢？

圖二：胖子難題。
你站在可以俯瞰電車鐵軌的天橋上，看到一列電車轟隆隆地沿著鐵軌飛奔而來，而電車前面的鐵軌上則綁了五個人。這五個人還有救嗎？同樣的，在道德哲學家的巧妙安排下，他們當然都有機會獲救。有個很胖的人正好趴在欄杆上看電車，如果你把他推下天橋，讓他掉落在鐵軌上，以他肥碩的體型正足以讓電車停下來。不幸的是，在這個過程之中，這個胖子會死掉，不過卻可以拯救五條性命。你應該把那個胖子推下去嗎？

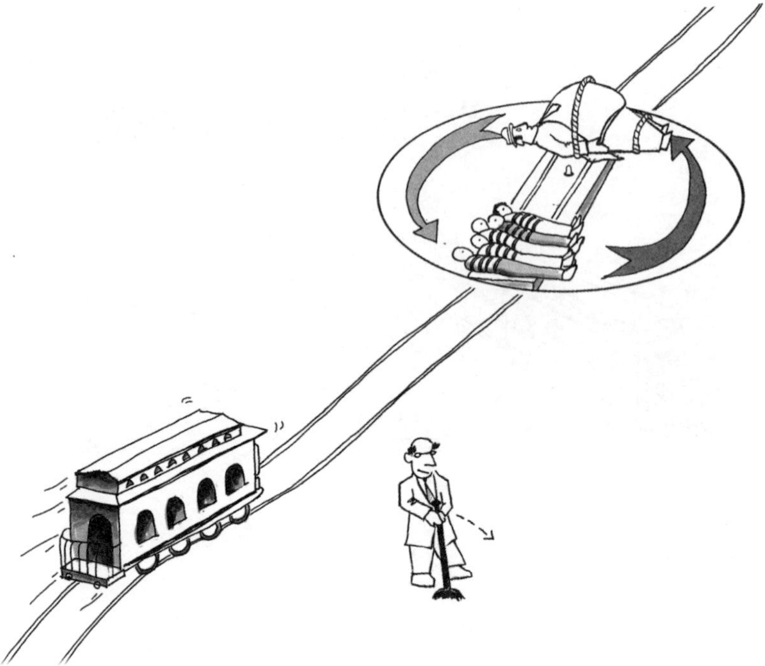

圖三：轉盤難題。
在轉盤的案例中，你可以將轉盤旋轉一百八十度，拯救五個人，不過如此一來，就會產生一個不幸的結果：會有另外一個人在鐵軌上，直接遭到電車撞擊。你應該轉動那個轉盤嗎？

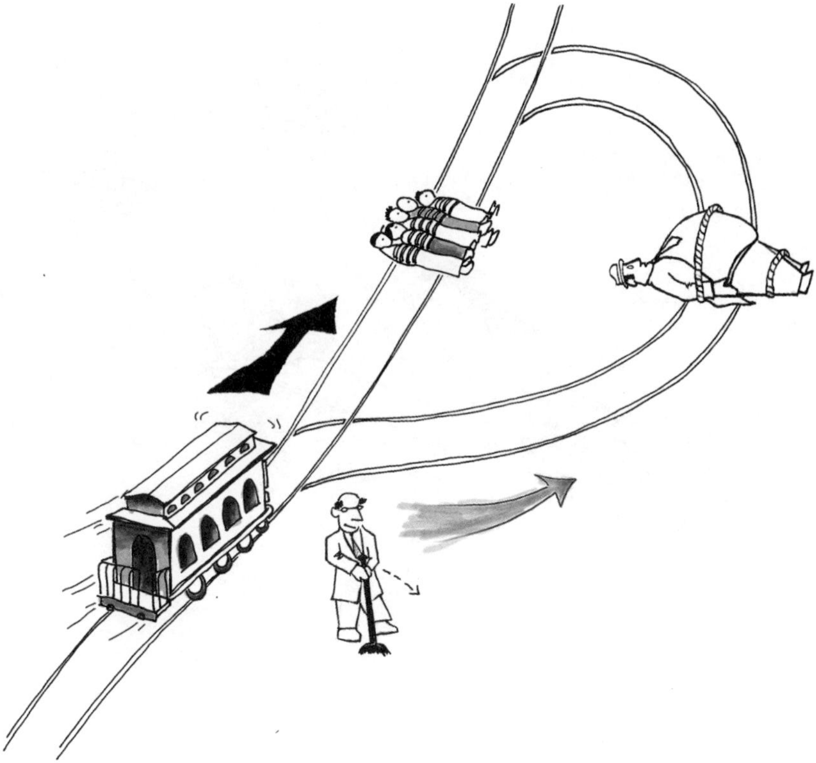

圖四：環狀軌道難題。
電車朝著五個人直衝過來，剛巧這五個人的體型都很瘦小；如果電車撞到他們，他們全都必死無疑，但是他們加起來的體重卻仍然無法阻擋電車。你可以將電車引導到環狀軌道上，那裡有個胖子，他一個人的體重就足以擋住電車，避免電車繼續向前衝，繞過環狀軌道，又撞死另外五個人。你應該將電車引導到環狀軌道上嗎？

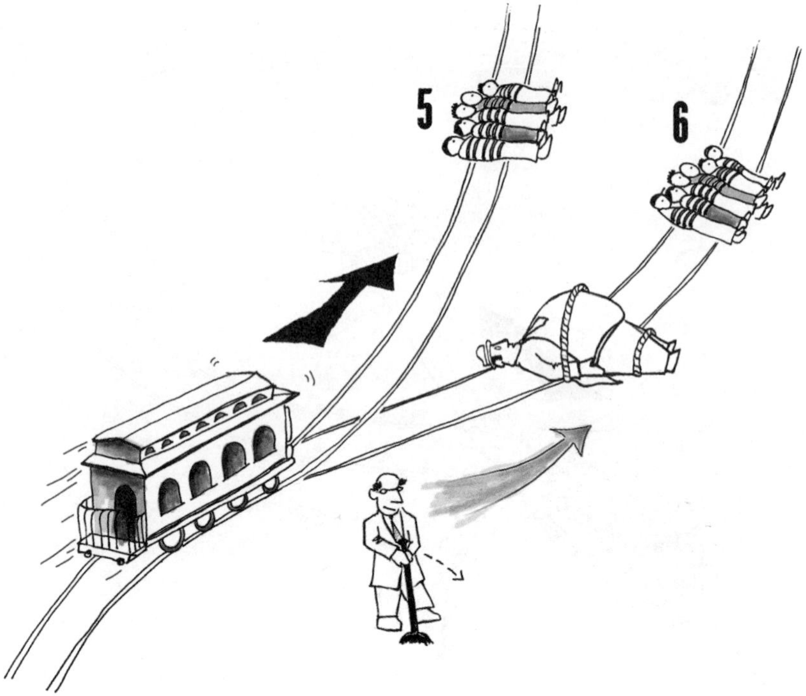

圖五：一加六難題。
你站在火車鐵軌旁，看到一輛失控的列車朝你這裡呼嘯而來。你看到前面有五個人被綁在鐵軌上；如果你袖手旁觀，那五個人就會被火車輾過，命喪黃泉。所幸，你旁邊就有一個訊號開關，轉動開關就可以將失控的火車導向你眼前的另外一條支線，也就是一條岔路上。在那條岔路上，你也看到一個人被綁在鐵軌上，改變列車的方向將無可避免地導致此人送命。在這個人的後面，還有六個人也被綁在鐵軌上；那個人如果被電車撞上，就能阻擋電車繼續前進。這時候，你該怎麼辦？（這個例子出自 Otsuka，二〇〇八年）

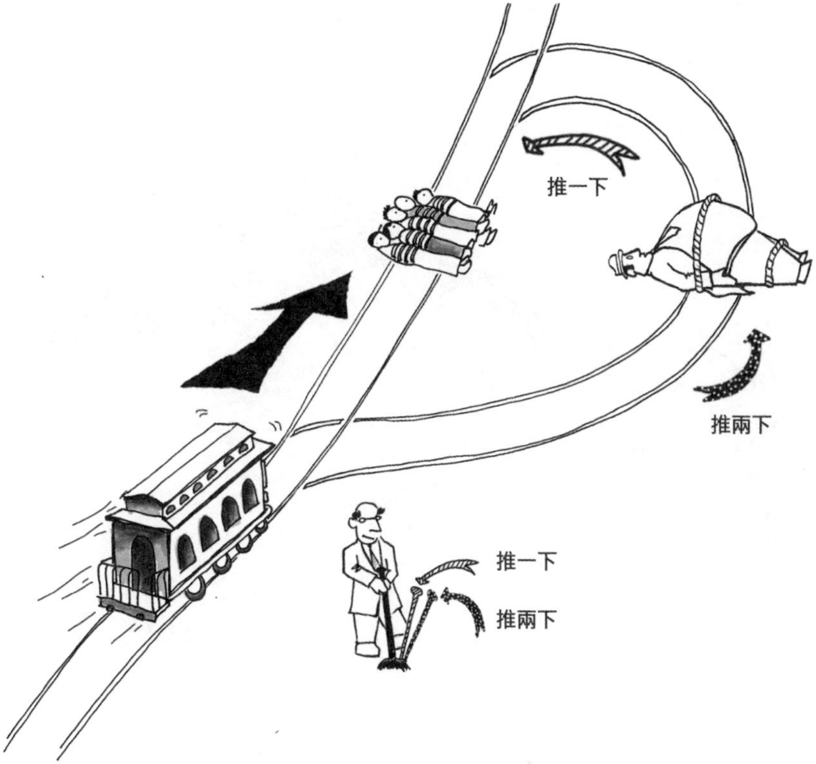

圖六：多推一把難題。

電車朝著五個人衝過來，如果你袖手旁觀，那五個人就必死無疑。你可以讓電車轉到環狀軌道上，避開那五個人。環狀軌道上也有一個人，但是因為電車的速度太快，除非多推一下開關，否則就會跳過在岔路軌道上的那個人。如果電車跳過那個人，就會回到原來的軌道，撞死那五個人；唯一能夠確保電車撞上那個人的方法，就是多推開關一下。你應該要讓電車轉向嗎？你也應該多推一把嗎？

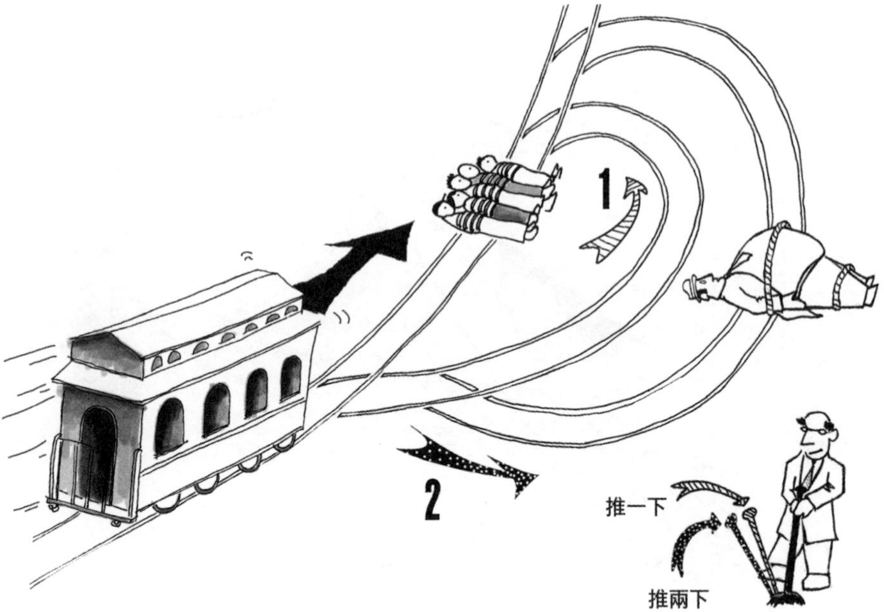

圖七：雙重環狀軌道難題。

電車朝著五個人衝過來，如果你袖手旁觀，那五個人就必死無疑。你可以將電車引到一條空的環狀軌道上。如果你不採取進一步的行動，那麼電車就會哐啷哐啷地繞過環狀軌道，撞死五個人。但是，你也可以再次改變電車的行進方向，導向有一個人被綁在上面的第二條環狀軌道，這樣會殺死軌道上的那個人，卻可以拯救其他五個人。你應該改變列車行進方向嗎？而且不只一次，而是兩次？

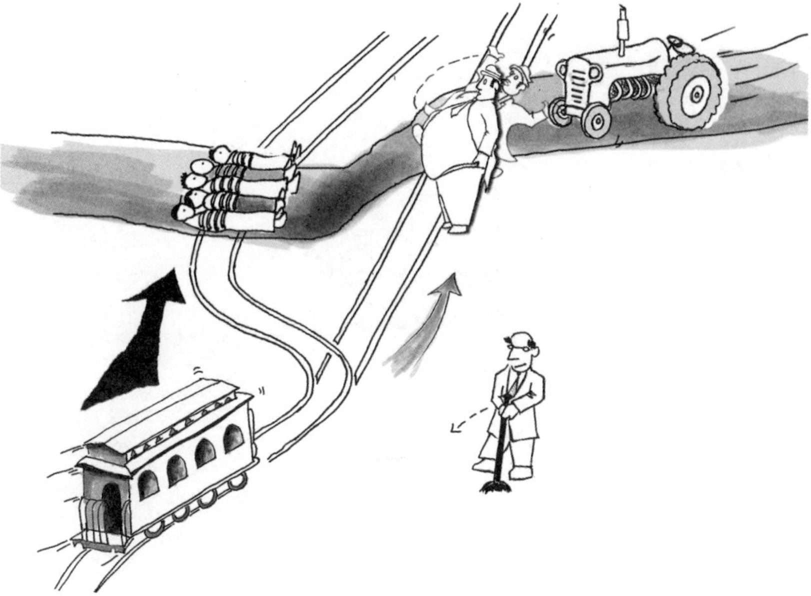

圖八：拖拉機難題。
失控的電車朝著五個無辜的人衝過去。電車還不是唯一威脅到他們性命的危機；他們即將遭到另外一個與此無關的威脅——一輛失控的拖拉機也朝著他們狂奔而去。光是改變電車的行進方向也是無濟於事，因為這五個人無論如何都會被拖拉機輾過去。如果你改變電車的行進方向，它就會輕輕撞到另外一個人（不至於讓他受傷），將他推到拖拉機的行進路線上。這個人被拖拉機撞到之後，可以擋住車子，但是他也會因此死亡。

圖九：翻滾難題。
失控的電車朝著五個人衝過來。你無法改變電車的行進方向，但是可以移動那五個人。但是如果你這樣做的話，這五個人會從山坡上翻滾下去，他們的體重會壓死正好在山下的一個人。你應該要移動這五個人嗎？

圖十：活門難題。

失控的電車朝著五個人衝過來。你就站在電車鐵軌旁，唯一能夠停住電車，拯救這五個人的方法，就是轉動開關，打開正好有個胖子站在上面的活門。這個胖子會掉下來死掉，但是他的身體也會擋住電車。我們應該打開活門嗎？

Bibliography and bibliography

參考文獻與書目

Amit, Elinor and J. Greene. "You See, the Ends Don't Justify the Means." *Psychological Science*; published online June 28, 2012.

Anscombe, G.E.M. *Mr Truman's Degree* (Oxford: Oxonian Press, 1956).

Anscombe, G.E.M. *Intention* (Oxford: Blackwell, 1957).

Anscombe, G.E.M. *An Introduction to Wittgenstein's* Tractatus (London: Hutchinson, 1971).

Anscombe, G.E.M. *Contraception and Chastity* (London: Catholic Truth Society, 2003 [1975]).

Anscombe, G.E.M. *Human Life, Action and Ethics*, ed. M. Geach and L. Gormally (Exeter: Imprint Academic, 2005).

Appiah, Anthony. *Experiments in Ethics* (Cambridge, MA: Harvard University Press, 2008).

Bassett, J., and J. Spenser, eds. *Correspondence of Andrew Jackson* Vol. 4 (Washington, DC, 1929).

Bennett, Jonathan. *The Act Itself* (Oxford: Clarendon Press, 1995).

Bentham, Jeremy. *The Rationale of Reward* (London: Robert Heward, 1830).

Bentham, Jeremy. *An Introduction to the Principles of Morals and Legislation* (Oxford: Clarendon Press, 1970).

Bowring, John, ed. *The Works of Jeremy Bentham*, 11 vols. (Edinburgh: William Tait, 1838–1843).

Brecher, Bob. *Torture and the Ticking Bomb* (Oxford: Blackwell, 2007).

Brougham, Henry. *Speeches of Henry, Lord Brougham*, Volume 2 (Edinburgh: Adam and Charles Black, 1838).

Capaldi, Nichola. *John Stuart Mill* (Cambridge: Cambridge University Press, 2004).

Carwardine, William. *The Pullman Strike* (Chicago: Charles H. Kerr, 1971 [1894]).

Cleveland, Grover. *Presidential Problems* (London: G. P. Putnam's Sons, 1904).

Conradi, Peter. *Murdoch: A Life* (London: HarperCollins, 2001).

Conway, Stephen. "Bentham on Peace and War." *Utilitas* 1, no. 1 (1989): 82–201.

Crisp, Roger. Mill on Utilitarianism (London: Routledge, 1997).

Crisp, Roger A. "Third Method of Ethics?" *Philosophy and Phenomenological*

Research (2012).

Crowdy, Terry. *Deceiving Hitler* (Oxford: Osprey, 2008).

Cushman, F., and E. Schwitzgebel. "Expertise in Moral Reasoning?" *Mind & Language* 27 (2012): 135–53.

Cushman, F., I. Young, and M. Hauser. "The Role of Reasoning and Intuition in Moral Judgments." *Psychological Science* 17 (12): 1082–89.

Damasio, Antonio. *Descartes' Error* (London: Picador, 1995).

Dancy, Jonathan. *Moral Reasons* (Oxford: Blackwell, 1993).

Dancy, Jonathan. *Ethics Without Principles* (Oxford: Clarendon Press, 2004).

Danziger, S., J. Levav, and K. Avnaim-Pesso. "Extraneous Factors in Judicial Decisions." Proceedings of the National Academy of Sciences, April 2011.

Darley, J. M., and C. D. Batson. "'From Jerusalem to Jericho': A Study of situational and dispositional variables in helping behavior." *Journal of Personality and Social Psychology* 27 (1973): 100–108.

De Dreu, Carsten, et al. "Oxytocin Promotes Human Ethnocentrism." *Proceedings of the National Academy of Sciences* 108, no. 4 (January 25, 2011): 1262–66.

Dershowitz, A. *Why Terrorism Works* (New Haven, CT: Yale University Press, 2002).

Dinwiddy, J. R. "Bentham and the Early Nineteenth Century." *The Bentham Newsletter* viii (1984).

Dooley, Gillian, ed. *From a Tiny Corner in the House of Fiction* (Columbia: South Carolina Press, 2003).

Dostoyevsky, F. Tr. R. Pevear, and L. Volokhonsky. *The Brothers Karamazov* (New York: Vintage Classics, 1991).

Eagleman, D. "The Brain on Trial." *Atlantic Magazine*, Atlantic Monthly Group, July/August 2011. Available online at http://www.theatlantic.com/magazine/archive/2011/07/the-brain-on-trial/308520/Edmonds, D., and J. Eidinow. *Wittgenstein's Poker* (London: Faber, 2001).

Edmonds, D., and N. Warburton, eds. *Philosophy Bites* (Oxford: Oxford University Press, 2010).

Feser, Edward. *Aquinas* (Oxford: One World, 2009).

Foot, M.R.D. *Memories of an SOE Historian* (Barnsley: Pen & Sword Military,

2008).

Foot, Philippa. "The Problem of Abortion." *Oxford Review* 5 (1967).

Foot, Philippa. *Natural Goodness* (Oxford: Clarendon, 2001).

Foot, Philippa. *Moral Dilemmas* (Oxford: Clarendon, 2002).

Foot, Philippa. *Virtues and Vices* (Oxford: Clarendon, 2002).

Fuller, Catherine, ed. *The Old Radical: Representations of Jeremy Bentham* (London: University College, 1998).

Glover, Jonathan. Humanity: *A Moral History of the Twentieth Century* (London: Pimlico, 2001).

Greene, J., S. Morelli, K. Lowenberg, L. Nystrom, and J. Cohen. "Cognitive Load Selectively Interferes with Utilitarian Moral Judgment."

Cognition 107 (2008): 1144–54.

Greene, J., L. Nystrom, A. Engell, J. Darley, and J. Cohen. "The Neural Bases of Cognitive Conflict and Control in Moral Judgment." *Neuron* 44 (2004): 389–400.

Greene, J., B. Sommerville, L. Nystrom, J. Darley, and J. Cohen. "An fMRI Investigation of Emotional Engagement in Moral Judgment. *Science* 293 (2001): 2105–8.

Haidt, J. "The Emotional Dog and Its Rational Tail." *Psychological Review* 108, no. 4 (October 2001): 814–34.

Hanson, Neil. *The Custom of the Sea* (London: Corgi, 2000).

Hare, Richard. *The Language of Morals* (Oxford: Oxford University Press. 1975 [1952]).

Hare, Richard. *Moral Thinking* (Oxford: Clarendon Press, 1981).

Harrison, Ross. *Bentham* (London: Routledge & Kegan Paul, 1983).

Hauser, M. *Moral Minds* (New York: Harper Collins, 2006).

Hauser, M., F. Cushman, L. Young, R. Kang-Xing Jin, and J. Mikhail. "A Dissociation Between Moral Judgments and Justifications." *Mind & Language* 22 (2007): 1–21.

Honderich, T., ed. *Morality and Objectivity* (London: Routledge & Kegan Paul, 1985).

Hooker, Brad. *Ideal Code, Real World* (Oxford: Clarendon Press, 2002).

Hume, David. *A Treatise of Human Nature* (L. Selby Bigge edition) (London: Oxford University Press, 1975).

Hursthouse, R., G. Lawrence, and W. Quinn. *Virtues and Reasons* (Oxford: Clarendon Press, 1995).

Huxley, Aldous. *Brave New World* (London: Chatto & Windus, 1970 [1932]).

Jackson, A. *Correspondence of Andrew Jackson*, Vol. 4. Edited by John Spencer Bassett (Washington 1929), 146.

Jones, R.V. *Most Secret War* (London: Hamilton, 1978).

Kagan, Shelley. *The Additive Fallacy* (Chicago: Ethics, 1988).

Kahneman, Daniel. *Thinking, Fast and Slow* (London: Penguin, 2012).

Kamm, F. *Intricate Ethics* (Oxford: Oxford University Press, 2007).

Kamm, F. *Ethics for Enemies* (Oxford: Oxford University Press, 2011).

Kant, I. *Groundwork for the Metaphysics of Morals*. Edited by Lara Denis (Plymouth: Broadview Press, 2005).

Kass, L. "The Wisdom of Repugnance." *New Republic* 216, no. 22 (June 1997).

Kenny, A. *A Life in Oxford* (London: John Murray, 1997).

King, Peter. *Utilitarian Jurisprudence in America* (London: Garland, 1976).

Knobe, J., and S. Nichols, ed. *Experimental Philosophy* (Oxford: Oxford University Press, 2008).

Koenigs, Michael, et al. "Damage to the Prefrontal Cortex Increases Utilitarian Moral Judgements." *Nature* 446, no. 7138 (April 19, 2007): 908–11.

Lehmann, John. *A Nest of Tigers* (London: Macmillan, 1968).

Levy, Neil. "Neuroethics: A New Way of Doing Ethics." *AJOB Neuroscience* 2, no. 2 (2011): 3–9.

Liao, M., A. Wiegmann, J. Alexander, and G. Vong. "Putting the Trolley in Order." *Philosophical Psychology* 25, no. 5 (2011): 1–11.

Lindsey, Almont. *The Pullman Strike* (Chicago: University of Chicago Press, 1971 [1942]).

Lovibond, Sabina. *Iris Murdoch: Gender and Philosophy* (London: Routledge, 2011).

Lucas, P., and A. Sheeran. "Asperger's Syndrome and the Eccentricity and Genius of Jeremy Bentham." *Journal of Bentham Studies* 8 (2006): 1–20.

Magee, Bryan. *Men of Ideas* (London: BBC, 1978).

Matthews, Richard. *The Absolute Violation* (Montreal: McGill-Queen's University Press, 2008).

McMahan, Jeff. *The Ethics of Killing* (Oxford: Oxford University Press, 2002).

Midgely, Mary. *The Owl of Minerva* (London: Routledge, 2005).

Mikhail, John. *Elements of Moral Cognition* (Cambridge: Cambridge University Press, 2011).

Mill, John Stuart. *Mill on Bentham and Coleridge*. Edited by F. R. Leavis (Cambridge: Cambridge University Press, 1980 [1950]).

Mill, John Stuart. *Autobiography* (Halifax: Ryburn Publishing Ltd., 1992 [1873]).

Mill, John Stuart. *Utilitarianism and On Liberty* (Oxford: Blackwell, 2002).

Morris, June. *The Life and Times of Thomas Balogh* (Eastbourne: Sussex Academic Press, 2007).

Murdoch, Iris. *Under the Ne*t (Harmondsworth: Penguin, 1954).

Murdoch, Iris. *The Sovereignty of Good* (London: Routledge, 1991 [1970]).

Murdoch, Iris. *A Writer At War*. Edited by Peter Conradi (Clays, Suffolk: Short Books, 2010).

Nagel, Thomas. *The View From Nowhere* (Oxford: Oxford University Press, 1986).

Navarrete, C. D., M. McDonald, M. Mott, and B. Asher. "Virtual Morality: Emotion and Action in a Simulated 3-D Trolley Problem." *Emotion* 12, no. 2 (2012): 365–70.

Nietzsche, F. *Human. All Too Human* (Cambridge: Cambridge University Press, 1986).

Norcross, Alastair. "Off Her Trolley? Frances Kamm and the Metaphysics of Morality." *Utilitas* 20, no. 1 (2008): 65–80.

Nozick, Robert. *Anarchy, State and Utopia* (New York: Basic Books, 1974).

Otsuka, Mike. "Double Effect, Triple Effect and the Trolley Problem." *Utilitas* 20, no. 01 (2008): 92–110.

Papke, David. *The Pullman Case* (Lawrence: University Press of Kansas, 1999).

Parfit, Derek. *Reasons and Persons* (Oxford: Clarendon, 1984).

Petrinovich, L., and P. O'Neill. "Influence of Wording and Framing Effects on Moral Intuitions." *Ethology and Sociobiology* 17 (1996): 145–71.

Piaget, J. *The Moral Judgement of the Child* (Harmondsworth: Penguin, 1977 [1932]).

Pinker, Steven. *The Language Instinct* (London: Penguin, 1994).

Powers, Charles. *Vilfredo Pareto* (London: Sage, 1987).

Quinn, Warren. "Actions, Intentions, and Consequence." In A. Norcross and B. Steinbock, eds., *Killing and Letting Die*, 2nd ed. (New York: Fordham University Press, 1994).

Rachels, James. "Active and Passive Euthanasia." *New England Journal of Medicine* 292, no. 9 (January 1975): 78–80.

Reeves, Richard. *John Stuart Mill: Victorian Firebrand* (London: Atlantic Books, 2007).

Richter, Duncan. *Anscombe's Moral Philosophy* (Plymouth: Rowman & Littlefield, 2011).

Roe, Jeremy. *Gaudi* (New York: Parkstone Press, 2010).

Rorty, A., ed. *Essays on Aristotle's Ethics* (Berkeley: University of California Press, 1980).

Russell, Bertrand. *My Philosophical Development* (London: George Allen and Unwin, 1959).

Russell, Bertrand. *Sceptical Essays* (London: Unwin, 1977 [1935]).

Scanlon, Thomas. *Moral Dimensions* (Cambridge, MA: Harvard University Press, 2008).

Schultz, B., and G. Varouxakis, eds. *Utilitarianism and Empire* (Lanham: Lexington Books, 2005).

Searle, John. "Minds, Brains and Programs." *Behavioral and Brains Sciences* 3 (1980): 417–57.

Searle, John. *Minds, Brains and Science* (London: BBC, 1984).

Shepher, J. "Mate Selection among Second Generation Kibbutz Adolescents." *Archives of Sexual Behavior* 1 (1971): 293–307.

Sidgwick, Henry. *Methods of Ethics*, 7th ed. (London 1907; reissued 1962).

Simpson, Brian. *Cannibalism and the Common Law* (London: Hambledon Press, 1994).

Simpson, J. *Touching the Void* (London: Cape, 1988).

Singer, P. "Ethics and Intuitions." *Journal of Ethics* 9 (2005): 331–52.

Singer, P. *The Life You Can Save* (Oxford: Picador, 2009).

Small, D., and G. Loewenstein. "Helping a Victim or Helping the Victim: Altruism and Identifiability." *Journal of Risk and Uncertainty* 26 (2003): 5–16.

Smart, J., and B. Williams. *Utilitarianism For and Against* (Cambridge: Cambridge University Press, 1973).

Smith, A. *The Wealth of Nations*. Edited by R. Campbell and A. Skinner (Oxford: Clarendon, 1976 [1776]).

Smith, A. *The Theory of Moral Sentiments*. Edited by Knud Haakonssen (Cambridge: Cambridge University Press, 2002 [1759]).

Steinbock, B., and A. Norcross, eds. *Killing and Letting Die* (New York: Fordham University Press, 1994).

Suter, R., and G. Hertwig. "Time and Moral Judgement." *Cognition* 119 (2011): 454–58.

Tallis, R. *Aping Mankind* (Durham, NC: Acumen 2011).

Teichmann, Roger. *The Philosophy of Elizabeth Anscombe* (Oxford: Oxford University Press, 2008).

Terbeck, S., G. Kahane, et al. "Propranolol Reduces Implicit Negative Racial Bias." *Psychopharmacology* 222 (2012): 419–24.

Terbeck S., G. Kahane, et al. "Beta-adrenergic Blockade Reduces Utilitarian Judgment." *Biological Psychology* (under review).

Thomson, J. J. *Rights, Restitution, and Risk* (Cambridge, MA: Harvard University Press, 1986).

Thomson, J. J. *The Realm of Rights* (Cambridge, MA: Harvard University Press, 1990).

Uhlmann, E. et al. "The motivated use of moral principles." *Judgement and Decision Making* 4, no. 6 (October 2009).

Unger, P. *Living High and Letting Die* (Oxford: Oxford University Press, 1996).

United States Strike Commission. *Chicago Strike 1894* (Washington, DC, 1895). Available online at http://archive.org/stream/reportonchicago00wriggoog#page/n6/mode/2up.

Valdesolo, Piercarlo, and D. DeStano. "Manipulations of Emotional Context

Shape Moral Judgment." *Psychological Science* 17 (June 2006): 476–77.
Voorhoeve, A. *Conversations on Ethics* (Oxford: Oxford University Press, 2009).
Wallach, W., and Colin Allen. *Moral Machines* (Oxford: Oxford University Press, 2009).
Warnock Mary. *A Memoir* (London: Duckworth, 2000).
Waugh, Evelyn. *The Sword of Honour Trilogy* (London: Penguin, 1999).
Wedgwood, Ralph. "Defending Double Effect." *Ratio* 24, no. 4 (2011): 384–401.
Weinberg, J., S. Nichols, and S. Stich. 2001. "Normativity and Epistemic Intuitions." *Philosophical Topics* 29 (1 and 2): 429–59.
Wheatley, T., and J. Haidt. "Hypnotic Disgust Makes Moral Judgments More Severe." *Psychological Science* 16 (2005): 780–84.
Wiggins, D. *Ethics: Twelve Lectures on the Philosophy of Morality* (Cambridge, MA: Harvard University Press, 2006).
Williams, Bernard. *Moral Luck* (Cambridge: Cambridge University Press, 1981).
Williams, Bernard. *Ethics and the Limits of Philosophy* (London: Fontana, 1985).
Wittgenstein, Ludwig. *Philosophical Investigations*. Translated by G.E.M. Anscombe. (Oxford: Blackwell, 1953).
Wright, Nick, et al. "Human Responses to Unfairness with Primary Rewards and Their Biological Limits." *Scientific Reports* 2, Article number 593 (August 2012).

Journal name:
Ziegler Philip. *London at War* (London: Sinclair-Stevenson, 1995).

你該殺死那個胖子嗎？
為了多數人幸福而犧牲少數人權益是對的嗎？
我們今日該如何看待道德哲學的經典難題
Would You Kill the Fat Man?:
The Trolley Problem and What Your Answer Tells Us about Right and Wrong

---

作　　者　大衛·愛德蒙茲（David Edmonds）
譯　　者　劉泗翰
封面設計　呂德芬
內頁排版　高巧怡
行銷企劃　蕭浩仰、江紫涓
行銷統籌　駱漢琦
業務發行　邱紹溢
營運顧問　郭其彬
責任編輯　劉文琪、周宜靜
總 編 輯　李亞南
出　　版　漫遊者文化事業股份有限公司
地　　址　台北市103大同區重慶北路二段88號2樓之6
電　　話　(02) 2715-2022
傳　　真　(02) 2715-2021
服務信箱　service@azothbooks.com
網路書店　www.azothbooks.com
臉　　書　www.facebook.com/azothbooks.read

發　　行　大雁出版基地
地　　址　新北市231新店區北新路三段207-3號5樓
電　　話　(02) 8913-1005
訂單傳真　(02) 8913-1056
初版一刷　2017年 2月
二版一刷　2024年 9月
定　　價　台幣450元

I S B N　978-986-489-996-8

國家圖書館出版品預行編目 (CIP) 資料

你該殺死那個胖子嗎？為了多數人幸福而犧牲少數人權益是對的嗎？我們今日該如何看待道德哲學的經典難題 / 克大衛 · 愛德蒙茲（David Edmonds）著；劉泗翰譯. -- 二版. -- 臺北市：漫遊者文化事業股份有限公司, 2024.09
336 面；14.8X21 公分
譯自：The Trolley Problem and What Your Answer Tells Us about Right and Wronge
ISBN 978-986-489-996-8(平裝)
1.CST: 邱吉爾(Churchill, Winston, 1874-1965) 2.CST: 學術思想 3.CST: 倫理學
190　　113012735